L'Italien...

pour mieux voyager

D1151544

Guides de voyage

ULYSSE

Le plaisir de **mieux voyager**

*Recherche et
rédaction*
Nicole Pons
Claude-Victor
Langlois

Éditrice
Stéphane G. Marceau

Correcteurs
Gina Gasparini
Pierre Daveluy

*Directeur de
production*
André Duchesne

*Directeur de
collection*
Daniel Desjardins

*Mise en page/
Infographie*
André Duchesne
Pierre Ledoux
Isabelle Lalonde

*Photographie
Page couverture*
Nicole Pons

NOS DISTRIBUTEURS

Canada : Guides de voyage Ulysse, 4176, rue St-Denis, Montréal (Québec) H2W 2M5,
☎(514) 843-9882, poste 2232, ☎1-800-748-9171, fax : (514) 843-9448,
www.guidesulysses.com, info@ulysse.ca

États-Unis : Distribooks, 8120 N. Ridgeway, Skokie, IL 60076-2911,
☎(847) 676-1596, fax : (847) 676-1195

Belgique : Presses de Belgique, 117, boulevard de l'Europe, 1301 Wavre,
☎(010) 42 03 30, fax : (010) 42 03 52

France : Vivendi, 3, allée de la Seine, 94854 Ivry-sur-Seine Cedex,
☎01 49 59 10 10, fax : 01 49 59 10 72

Espagne : Altaïr, Balmes 69, E-08007 Barcelona,
☎(3) 323-3062, fax : (3) 451-2559

Italie : Centro cartografico Del Riccio, Via di Soffiano 164/A, 50143 Firenze,
☎(055) 71 33 33, fax : (055) 71 63 50

Suisse : Havas Services Suisse,
☎(26) 460 80 60, fax : (26) 460 80 68

Pour tout autre pays, contactez les Guides de voyage Ulysse (Montréal).

Données de catalogage avant publication (Canada) (voir p 6).

© Guides de voyage Ulysse inc.
Tous droits réservés
Bibliothèque nationale du Québec
Dépôt légal - deuxième trimestre 2002
ISBN 2-89464-550-3

Imprimé au Canada

TABLE DES MATIÈRES

Les Guides de voyage Ulysse reconnaissent l'aide financière du gouvernement du Canada par l'entremise du Programme d'aide au développement de l'industrie de l'édition (PADIÉ) pour ses activités d'édition.

Les Guides de voyage Ulysse tiennent également à remercier le gouvernement du Québec – Programme de crédit d'impôt pour l'édition de livres – Gestion SODEC.

Données de catalogage avant publication (Canada)

L'italien pour mieux voyager

(Guide de conversation pour le voyage)

(Guides de voyage Ulysse)

Comprend un index.

Pour les voyageurs francophones.

Textes en français et en italien.

ISBN 2-89464-550-3

1. Italien (Langue) - Vocabulaires et manuels de conversation. I. Collection. II. Collection: Guide de voyage Ulysse.

PC1121.I82 2002   458.3'441   C2002-940277-8

L'ITALIEN POUR MIEUX VOYAGER

La langue italienne est vraiment parlée par les Italiens depuis peu. En effet, l'Italie a été unifiée seulement en 1861, quand les différents États qui la composaient alors ont été réunis en un seul pays. Auparavant, chaque État avait sa propre langue. Le peuple parlait un dialecte spécifique à chaque région. Des dialectes si variés que parfois, d'une région à l'autre, on ne se comprenait pas! Après l'unification, bien que l'italien soit obligatoire dans les écoles, la majorité des gens continuait à s'exprimer en florentin, frioulan, sicilien, vénitien, lombard, etc.

L'italien actuel est issu du dialecte florentin utilisé par le célèbre poète de la fin du XIIIe siècle Dante Alighieri. Aujourd'hui, près de la moitié des Italiens parlent encore le dialecte de leur région entre eux, à la maison. Mais pas d'inquiétude à avoir, partout tout le monde comprend et parle l'italien!

Spécificités de la langue italienne

L'italien est avant tout une **langue de tradition orale**, ce qui explique ses transformations rapides.

C'est une **langue «musicale»** au riche vocabulaire, qui prend toute sa saveur dans le parler.

Il y a très peu d'écart entre l'écrit et le parler. Tout ce qui est écrit se prononce (à l'exception de la lettre *h*) et réciproquement, tout ce qui se prononce s'écrit. D'où la facilité pour trouver l'orthographe d'un mot, contrairement au français où les disparités sont grandes entre les deux. L'orthographe italienne est une **orthographe simplifiée**, phonétique. Par exemple, le **ph** français a été remplacé par un **f** en italien et le **th** a été supprimé.

Philanthropique, *filantropico* [filann**tro**piko]
Orthographe, *ortografia* [ortogra**fi**a]

Les voyelles

Les voyelles se prononcent toutes. Il n'y a pas de voyelle muette, comme le *e* muet en français, ou le *u* après un *q*. Les voyelles sont bien articulées, bien séparées à la prononciation, sauf dans les diphtongues, où elles forment des groupes de syllabes.

Qualité, *qualità* [koualita]. On prononce le *u*, le *a* et le *a*.
Tableau, *quadro* [**koua**dro]. On prononce le *u*, le *a* et le *o*.
Peur, *paura* [pa**ou**ra]. On prononce le *a*, le *u* et le *a*.

Accents

Il n'y a **pas d'accent** dans l'orthographe italienne, **sauf:** pour les mots dont l'accent tonique est situé sur la dernière syllabe et sur les mots d'une syllabe qui, prononcés autrement, ont un autre sens.

Dans ces cas-là, on écrit le mot avec un accent grave sur la dernière voyelle, quelle que soit cette voyelle.

Ville, *città* [tchi**tta**]
Pourquoi? *perchè*? [per**ké**]
Café, *caffè* [ka**ffè**]
Il est, *è* [**è**]
Et, *e* [é]

La troisième personne de politesse

On appelle cette formule *dare del lei* en italien [**da**ré d**el le**i]. Quand on s'adresse à quelqu'un à qui l'on dirait «vous» en français, on ne lui dit pas «vous» mais «elle». Au lieu de dire comme en français: «bonjour, comment allez-vous?», on dit: «bonjour, comment va-t-elle?» (sous-entendu, sa Seigneurie). Cette formule, qui peut paraître archaïque mais ne l'est pas du tout en italien, s'appelle la «troisième personne de politesse». On l'utilise systématiquement au singulier.

L'italien pour mieux voyager

Bonjour, comment allez-vous?
(si l'on s'adresse à une personne):
Buongiorno, come sta? [bouon**djor**no, **ko**mé **sta**]? (Traduction littérale: bonjour, comment va-t-elle?)

Je vous remercie beaucoup.
(si l'on s'adresse à une personne):
La ringrazio molto. [**La** rin**gra**zio **mol**to]
(Traduction littérale: je la remercie beaucoup)

Le «vous» est utilisé à la deuxième personne du pluriel.

Les élisions et les apocopes

L'élision est la suppression de la voyelle finale d'un mot, pour éviter la «collision» avec la voyelle initiale du mot suivant. L'apocope est la chute d'une voyelle ou d'une syllabe à la fin d'un mot, que le mot suivant commence par une voyelle ou une consonne. **Elles sont très fréquentes en italien**.

L'élision est obligatoire avec les articles, avec certaines prépositions, certains adjectifs et certaines formes verbales. Elle est toujours suivie d'une apostrophe.

L'âme, *l'anima* [l'**a**nima]. Article féminin, *la,* élidé.
Un bel homme, *un **bell'**uomo* [**ou**n **bèl**'**ouo**mo]. Adjectif *bello* au masculin singulier, élidé.
Un grand homme, *un **grand'**uomo* [**ou**n gr**annd ouo**mo]. Adjectif *grande,* au masculin singulier, élidé.

L'apocope est couramment utilisée. Elle n'est cependant obligatoire que dans certains cas: avec le suffixe *uno* [**ou**no], l'adjectif *quello [kou**è**llo]* (placé devant un mot commençant par une seule consonne, sauf le *z*), les adjectifs *bello* [**bè**llo], *buono* [**bouo**no], *grande* [**gran**dé], *santo* [**sann**to] au masculin singulier.

9

Un beau livre, *un bel libro* [**ou**n **bè**l **li**bro], au lieu de: *bello*.
Un grand plaisir, *un gran piacere* [**ou**n **grann** pia**tché**ré], au lieu de *grande*.

Prononciation

/c/   Comme en français, le *c* est dur devant le *a*: *ca* [ka]; le *o*: *co* [ko]; le *u*: *cu* [kou].

Maison, *casa* [**ka**sa]
Cour, *corte* [**kor**té]
Culture, *cultura* [koul**tou**ra]

Devant le *e* et le *i*, le *c* se prononce [tch]:
ce [tché], *ci* [tchi].

Célébrité, *celebrità* [tchélébri**ta**]
Citadin, *cittadino* [tchitta**di**no]

Lorsqu'il y a un *i* devant le *a*, le *o* et le *u*, le *c* devient «chuintant»: *cia* [tcha]; *cio* [tcho]; *ciu* [tchou].

Chacun, *ciascuno* [tchas**kou**no]
Chocolat, *cioccolata* [tchokko**la**ta]
Mèche de cheveux, *ciuffo* [**tchou**ffo]

Le *c* placé devant un *h* est dur: *che* [ké];
chi [ki]. Exception: chèque, *cheque* [tch**è**k]; mot d'origine anglaise.

Chérubin, *cherubino* [kérou**bi**no]
Guitare, *chitarra* [ki**ta**rra]

/g/ Le *g* suit la même règle que le *c*.

Il est guttural devant le *a*: *ga* [ga]; le *o*: *go* [go]; le *u*: *gu* [gou].

Chat, *gatto* [**ga**tto]
Gondole, *gondola* [**gonn**dola]
Guerre, *guerra* [**goue**rra]

Devant le *e* et le *i*, le *g* se prononce: *ge* [djé], *gi* [dji].

Jaloux, *geloso* [djé**lo**so]
Girafe, *giraffa* [dji**ra**ffa]

Si l'on intercale un *i* devant *a*, *o*, *u*, le son est «chuintant»: *gia* [dja]; *gio* [djo]; *giu* [djou].

Jaune, *giallo* [**dja**llo]
Jouet, *giocattolo* [djo**ka**ttolo]
Justice, *giustizia* [djous**ti**tsia]

Pour obtenir un son guttural devant *e* et *i*, il faut ajouter un *h*: *ghe* [gué], qui se prononce comme un «gué» (le passage au milieu d'une rivière) en français; *ghi* [gui], qui se prononce comme le «gui» (la plante) en français.

Guêtre, *ghetta* [**gué**tta]
Guirlande, *ghirlanda* [guir**lann**da]

/gli/ *Gli* se prononce [lyi]. On appelle ce son le «l mouillé». Il est toujours très accentué dans son aspect «mouillé». Si *gli* est suivi de *a, e, o, u*, on obtient: *glia* [lyia]; *glie* [lyié]; *glio* [lyio]; *gliu* [lyiou].

Maille, *maglia* [**ma**lyia]
Choisir, *scegliere* [**ché**lyiéré]
Mieux, *meglio* [**mè**lyio]
Millet, *miglio* [**mi**lyio]
Fétu de paille, *pagliuzza* [pa**lyiou**tsa]

/h/ Il a pratiquement disparu au début des mots, sauf dans le verbe «avoir»: J'ai, *ho* [**ò**], et dans quelques mots étrangers. Il ne se prononce pas: hamac [a**mak**].

/ll/ Le *l* double se prononce toujours [ll], jamais [ye], mis à part dans les mots étrangers.

Briller, *brillare* [bri**lla**ré]

/sc/ Placé devant *c*, le *s* modifie la prononciation vue précédemment, dans les cas suivants:

Avec un *s* devant *ce* et devant *ci*, on obtient la prononciation équivalente du *ch* français: *sce* [ché]; *sci* [chi].

Poisson, *pesce* [**pé**ché]
Singe, *scimmia* [**chim**mia]

Avec un *s* devant *cia, cio, ciu*, on prononce comme le *ch* français: *scia* [cha]; *scio* [cho]; *sciu* [chou].

Chaloupe, *scialuppa* [cha**lou**ppa]

Grève (de travailleurs), *sciopero* [**cho**pero]

Gâcher, *sciupare* [chou**pa**ré]

/r/ Le *r* est roulé (faire vibrer le bout de la langue sur le palais: *rrr*).

/z/ Le *z* se prononce soit [ts], soit [dz]. Avec *enza*, *ezza*, *zione*, *izia*, ou quand il est précédé d'une autre consonne, il se prononce [ts].

Départ, *partenza* [par**tenn**tsa]

Jeunesse, *giovinezza* [djovi**nett**sa]

Promotion, *promozione* [promo**tsio**ne]

Avis (au sens d'information), *notizia* [no**ti**tsia]

Chanson, *canzone* [kann**tso**né]

Voyelles

/e/ N'est jamais muet. Il ne se prononce pas [eu] comme en français, mais [é] (e fermé) ou [è] (e ouvert).

À noter que nous l'écrirons toujours ainsi dans la partie phonétique: [é] pour e fermé, [è] pour e ouvert.

Bénéfique, *benefico* [bé**né**fico]

Dent, *dente* [**dènn**té]

/o/ Le *o* peut être fermé ou ouvert. Avec les finales *zione* [**tzio**né], *one* [**o**né], *oso* [**o**so], le *o* est fermé, ainsi que dans certains pronoms personnels et démonstratifs.

Division (partage), *partizione* [parti**tzio**né]
Bouchée, *boccone* [bo**kko**né]
Douloureux, *doloroso* [dolo**ro**so]
Vous, *voi* [**vo**i]

Dans *olo* [**o**lo], *otto* [**o**tto], *occio* [**o**tcho], le *o* est ouvert.

Paul, *Paolo* [**pa**olo]
Huit, *otto* [**o**tto]
Grassouillet, *grassoccio* [gra**sso**ttcho]

/u/ Se prononce toujours [ou].

Publicité, *pubblicità* [poubblitchi**ta**]

Les voyelles suivies de *m* ou *n* gardent leur prononciation
initiale. Le son nasal n'existe pas en italien. Donc avec *an*, on
prononcera le *a* et le *n*, avec *en* le *e* et le *n*, avec *on* le *o* et le *n*,
avec *un* le *u* et le *n*, avec *in* le *i* et le *n*.

Chant, *canto* [**kann**to]
Cent, *cento* [**tchenn**to]
Entouré, *cinto* [**tchinn**to]
Point, *punto* [**pounn**to]

/i/ Le *i*, lorsqu'il est suivi du *o (io)*, se prononce [yo], comme dans
le mot «yo-yo».

Huile, *olio* [**o**lyo]

Toutes les autres lettres se prononcent comme en français.

Alphabet

En italien il y a seulement 21 lettres usitées dans l'alphabet (*l'alfabeto* [l'alfa**be**to]). Le j, le k, le w, le x et le y n'existent pratiquement pas, sauf dans des mots étrangers, ou dans des cas rarissimes.

Signe français	Signe italien	Transcription phonétique
a	*a - amare*	[a] - [a**ma**ré]
b	*b - bar*	[bi] - [**bar**]
c	*c - casa*	[tchi] - [**ka**sa]
d	*d - dente*	[di] - [**dènn**té]
e	*e - terno*	[è] - [**ter**no]
f	*f - faro*	[èffé] - [**fa**ro]
g	*g - gioia*	[dji] - [**djo**ia]
h	*h - hevea*	[àcca] - [é**vè**a]
i	*i - italiano*	[i] - [ita**lia**no]
l	*l - lacrima*	[èllé] - [**la**crima]
m	*m - mamma*	[èmmé] [**ma**mma]
n	*n - naso*	[ènné] - [**na**so]
o	*o - ora*	[ò] - [**o**ra]
p	*p - padre*	[pi] - [**pa**dré]
q	*q - quattro*	[kou] - [**koua**ttro]
r	*r - riso*	[erré] - [**ri**zo]
s	*s - stato*	[èssé] - [**sta**to]
t	*t - tetto*	[ti] - [**tè**tto]
u	*u - ultimo*	[ou] - [**oul**timo]
v	*v - viaggio*	[vou] - [**via**djo]
z	*z - zaino*	[dzèta] - [**dza**ino]

Accent tonique

Notez que dans la partie phonétique écrite entre [ ], nous écrirons toujours en **gras** la syllabe accentuée.

La prononciation et l'accent tonique sont très importants en italien. On accentue toujours beaucoup la syllabe sur laquelle se trouve l'accent tonique. On insiste sur les consonnes doubles. Si un mot est mal prononcé, il ne sera pas compris. Dans certains cas même, il aura une autre signification.

Cheveu, *capello* [ka**pé**llo]
Chapeau, *cappello* [ka**ppè**llo]
Bloc-notes, *blocchetto* [blo**kké**tto]

Pour les verbes, cela peut même changer le temps. Si le mot est mal prononcé, on confondra le futur et le conditionnel. Exemple:

Nous parlerons, *parleremo* [parlé**ré**mo] (futur)
Nous parlerions, *parleremmo* [parlé**rè**mmo] (conditionnel)
Nous verrons, *vedremo* [vé**dré**mo] (futur)
Nous verrions, *vedremmo* [ve**drè**mmo] (conditionnel)

Dans la majorité des cas, l'accent tonique est situé sur l'avant-dernière syllabe. On doit appuyer sur cette syllabe-là, mais prononcer aussi la dernière syllabe qui ne doit pas être étouffée.

Monsieur, *signore* [si**gno**ré]
Intelligent, *intelligente* [intelli**djen**té]

Pour les mots accentués sur la dernière syllabe, pas de difficulté particulière. Comme nous l'avons déjà signalé, l'accent est écrit.

Antiquité, *antichità* [antiki**tà**]

L'italien pour mieux voyager

Il y a également beaucoup de mots accentués sur l'antépénultième (syllabe placée avant l'avant-dernière). On les appelle les *parole sdrucciole* [pa**rol**é **zdrou**tcholé]. On trouve ce type d'accentuation notamment avec certains suffixes. Par exemple:

Suffixe *abile* [**a**bilé]: Perméable, *permeabile* [permé**a**bilé]
Suffixe *logo* [logo]: Astrologue, *astrologo* [as**tro**logo]
Suffixe *grafo* [grafo]: Géographe, *geografo* [djé**o**grafo]

Mais aussi: Maire, *sindaco* [**sinn**dako]
                Musique, *musica* [**mou**sika]
                Un moment, *un attimo* [**oun a**ttimo]

Quelques conseils

- Lisez à haute voix.

- Écoutez des chansons du pays en essayant de comprendre certains mots.

- Faites des associations d'idées pour mieux retenir les mots et le système linguistique. Ainsi, retenez qu'en italien une terminaison en **o** désigne généralement un mot masculin, tandis qu'une terminaison en **a** désigne un mot féminin (sauf exceptions et il y en a!). Par exemple *Paolo*, [**Pa**olo] (Paolo Conte) est un prénom masculin, alors que *Giovanna* [djo**va**nna] (Giovanna Marini) est un prénom féminin.

- Faites aussi des liens entre le français et l'italien. Par exemple, «dernier» se dit *ultimo* [**oul**timo] en italien, un terme voisin d'«ultime» en français.

L'italien pour mieux voyager

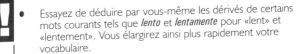

- Essayez de déduire par vous-même les dérivés de certains mots courants tels que *lento* et *lentamente* pour «lent» et «lentement». Vous élargirez ainsi plus rapidement votre vocabulaire.

- Méfiez-vous des «faux amis», nombreux en italien. Par exemple, *il quadro* [il **koua**dro] signifie «le tableau», alors que «le cadre» (d'un tableau) se dit *la cornice* [la kor**ni**tché]. *Morbido* [**mor**bido] signifie «moelleux» et non pas «morbide»! Si au restaurant on vous demande si vous voulez un peu de *verdura* [ver**dou**ra], on vous propose des légumes frais et de la salade.

Dans ce guide de conversation, vous trouverez les mots, ou les phrases, répartis en **trois colonnes**, ou sur trois lignes, et ce, dans chacune des sections.

La première colonne donne généralement le mot en français. Vis-à-vis, dans la deuxième colonne, vous trouverez sa traduction italienne.

Finalement, la troisième colonne vous indiquera, grâce à une transcription phonétique, comment prononcer ce mot. Cette **phonétique** a été élaborée spécialement pour les francophones et se veut le plus simple possible.

Vous trouverez parfois les mots en italien dans la première colonne, leur traduction en français dans la deuxième et la prononciation du mot italien dans la troisième colonne, ceci afin de vous aider à trouver facilement la signification d'un mot lu ou entendu.

N'oubliez pas de consulter les deux **index** à la fin du guide. Le premier rassemble les mots français dont il est question dans le guide et le second réunit les mots italiens. Vous pouvez donc toujours vous y référer.

L'italien pour mieux voyager

Le genre des noms

Masculin et féminin singuliers

En italien, au **singulier**, en général les **noms masculins** se terminent par **o** et les **noms féminins** par **a**. Par exemple:

Le château, *il castello* [il kas**tè**llo]

La femme, *la donna* [la **do**nna]

Masculin et féminin pluriels

Il n'y a pas de s au pluriel en italien.

$$o - i$$

La plupart des **noms masculins en o** se terminent en **i au pluriel**; la plupart des **noms féminins en a** se terminent en **e au pluriel**.

$$a - e$$

Les châteaux, *i castelli* [i kas**tè**lli]

Les femmes, *le donne* [lé **do**nné]

Exceptions

Il y a **beaucoup d'exceptions** à cette règle, et parmi les mots les plus courants. Quelques exemples:

● Certains **noms féminins** se terminent en **o** au singulier, en **i** au pluriel.

La main, les mains, *la mano, le mani*, [la **ma**no], [lé **ma**ni]

● Certains **noms masculins** se terminent en **a** au singulier, mais quand même en **i** au pluriel.

Le problème, les problèmes, *il problema, i problemi*, [il pro**blè**ma], [i pro**blè**mi]

- Certains **noms masculins au singulier** deviennent **féminins au pluriel**, et dans ce cas se terminent, au pluriel, en **a**.

  Une paire, deux paires, *un paio, due paia,*
  [**oun pa**yo], [**dou**é **pa**ya]

  L'œuf, les œufs, *l'uovo, le uova,* [l'**ouo**vo], [lé **ouo**va]

- Les noms qui se terminent par **e** au singulier peuvent être soit masculins soit féminins. Ils font leur pluriel en **i**.

  Le père, les pères, *il padre, i padri,* [il **pa**dré], [i **pa**dri]

  La mère, les mères, *la madre, le madri,* [la **ma**dré], [lé **ma**dri]

- Certains noms en **e au masculin** singulier font **un féminin en a**.

  Monsieur, madame, *signore, signora,* [si**gno**ré], [si**gno**ra]

- Certains noms se terminent en **i** au singulier. Ils sont invariables au pluriel. Ils peuvent être masculins ou féminins.

  L'analyse, les analyses, *l'analisi, le analisi,* [l'a**na**lizi], [le a**na**lizi]

- Les noms accentués sur la dernière syllabe sont invariables.

  La ville, les villes, *la città, le città,* [la tchi**tta**], [lé tchi**tta**]

  La vertu, les vertus, *la virtù, le virtù,* [la virt**ou**], [lé virt**ou**]

Les adjectifs

Les adjectifs suivent la même règle que les noms: **l'adjectif masculin singulier** est généralement terminé par **o**, avec un **pluriel en i**; **l'adjectif féminin singulier** est généralement terminé par **a**, avec un pluriel en **e**. Les **adjectifs en e** au singulier peuvent être **masculins** ou **féminins** et ont un **pluriel en i**.

Haut, hauts, *alto, alti,* [**al**to], [**al**ti]

Haute, hautes, *alta, alte,* [**al**ta], [**al**té]

Vert, verts, *verde, verdi,* [**vér**dé], [**vér**di]

Verte, vertes, *verde, verdi,* [**vér**dé], [**vér**di]

On note de nombreuses exceptions. En voici quelques exemples:

- Les adjectifs en **co**, **go**, **ca**, **ga**, font un pluriel en **chi**, **ghi**, (sauf exceptions!), **che**, **ghe**.

    Blanc, blancs, *bianco, bianchi,* [**biann**ko], [**biann**ki]

    Large, larges, *largo, larghi,* [**lar**go], [**lar**ghi]

- Les adjectifs **bello**, **buono**, **grande**, **santo**, placés avant le nom, changent de forme, selon la même règle que les articles (voir paragraphe **Articles**).

    Ce livre est beau, *questo libro è bello*
    [**koues**to **li**bro **è bè**llo]

    Un beau livre, *un bel libro* [**oun bèl li**bro]

    Des beaux livres, *dei bei libri* [**dèi bè**i **li**bri]

- Comme en français, les adjectifs s'accordent toujours en genre et en nombre avec le nom.

    Une maison blanche, *una casa bianca*
    [**ou**na **ka**za **biann**ka]

    Deux maisons blanches, *due case bianche*
    [**dou**é **ka**zé **biann**ché]

Grammaire

21

L'article défini

L'article défini, contrairement au français, s'accorde en genre au pluriel. Mais aussi, il se modifie en fonction de la lettre commençant le nom qui le suit. Si le nom commence par **une voyelle**, on aura une **élision** (voir paragraphe **Spécificités de la langue italienne**). Si le nom commence par **une consonne**, il a deux formes différentes pour le masculin, selon que le nom commence par **z** ou par **s «impur»** (c'est-à-dire *s* suivi d'une autre consonne), ou par toute autre consonne.

Masculin singulier

voyelle:	l'Italien, *l'Italiano* [l'ita**lia**ŋo]
z:	le sac à dos, *lo zaino* [**lo dza**ino]
s impur:	le sculpteur, *lo scultore* [**lo** skoul**to**ré]
consonne:	le chien, *il cane* [**il ka**né]

Masculin pluriel

voyelle:	les Italiens, *gl'Italiani* [l'ita**lia**ni]
voyelle:	les élèves, *gli alunni* [**lyi** al**ou**nni]
z:	les sacs à dos, *gli zaini* [**lyi dza**ini]
s impur:	les sculpteurs, *gli scultori* [**lyi** skoul**to**ri]

À noter que **gli** s'élide seulement devant un **i.**

consonne: les chiens, **i** *cani* [**i ka**ni]

Féminin singulier

voyelle:	l'Italienne, *l'Italiana* [l'ita**lia**na]
consonne:	la chienne, *la cagna* [**la ka**gna]
	l'école, *la scuola* [**la skou**ola]

Grammaire

22

Féminin pluriel

voyelle: les Italiennes, *le Italiane* [**lé** ita**lia**né]
consonne: les chiennes, *le cagne* [**lé** ka**gn**é]
                    les écoles, *le scuole* [**lé skou**olé]

Suppression de l'article défini

L'article défini est supprimé devant certaines expressions courantes.

    Aller à l'école, *andare a scuola* [ann**da**ré a **skouo**la]
    Dans la poche, *in tasca* [**inn tas**ka]

L'article indéfini

L'article indéfini s'utilise, comme en français, au singulier seulement.
Au masculin, il a deux formes différentes. Une forme s'il est **suivi
d'une voyelle ou d'une consonne** (autre que **z** ou **s «impur»**);
une autre forme s'il est suivi d'un **z** ou d'un **s «impur»**. **Au
féminin**, s'il est **suivi d'une voyelle**, il est **élidé**.

Masculin

voyelle: un élève, *un alunno* [**oun** a**lou**nno]
consonne: un chien, *un cane* [**oun ka**né]
z: un sac à dos, *uno zaino* [**ou**no **dza**ino]
s impur: un sculpteur, *uno scultore* [**ou**no skoul**to**ré]

Féminin

consonne: une chienne, *una cagna* [**ou**na kagna]
                    une école, *una scuola* [**ou**na **skouo**la]
voyelle: une Italienne, *un'italiana* [**oun** ita**lia**na]

Grammaire

L'article partitif

L'article partitif est très peu utilisé. En général il est supprimé au singulier comme au pluriel (pluriel de l'article indéfini).

J'ai acheté des livres, *ho comprato libri* [**o** komm**pra**to **li**bri]

Je ne bois pas de vin, *non bevo vino* [**nonn bé**vo **vi**no]

Il y a quelques exceptions. Par exemple, s'il se rapporte à un nom déterminé avec précision, l'article partitif est obligatoire.

Donne-moi du jambon que tu as acheté en Italie.
*Dammi **del** prosciutto che hai comprato in Italia.*
[**Da**mmi **del** pro**chou**tto **ké aï** komm**pra**to **inn** I**ta**lia]

Les articles contractés

L'article défini se combine à certaines prépositions formant ainsi les articles contractés. Par exemple:

Avec *con* (**avec**):   Je parle avec le facteur
*Parlo **col** postino (con + il)*
[**par**lo **kol** pos**ti**no]

Avec *in* (**dans**):   Elle a mis les pâtes dans l'eau
*Ha messo la pasta **nell**'acqua (in + l')*
[**a me**sso la **pas**ta **nell a**koua]

L'article contracté s'accorde en genre et en nombre:
Mon frère est allé se promener avec les frères de Paul
*Mio fratello è andato a passeggiare **coi** (con + i) fratelli di Paolo*
[**Myo** fra**tè**llo **è** ann**da**to **a** passe**dja**ré **koi** fra**te**lli **di Pa**olo]

Le pronom personnel sujet

En italien, le pronom personnel sujet n'est pas utilisé dans les phrases courantes. Les verbes ont des formes assez diverses pour que la distinction soit assez claire sans le pronom.

Je chante, *canto* [**kann**to]
Il chante, *canta* [**kann**ta]
Nous parlons, *parliamo* [par**lia**mo]
Nous parlions, *parlavamo* [parla**va**mo]

Cependant, on l'emploiera si l'on veut mettre le sujet en relief:
Je chante, *Io canto* [**i**yo **kann**to]
(au sens de: c'est bien moi qui chante)

Singulier

1re pers.	*Io*	Je	[**i**yo]
2e pers.	*Tu*	Tu	[**tou**]
3e pers.	*Egli*	Il	[**è**lyi]
	Lui	Il	[**loui**]
	Ella	Elle	[**è**lla]
	Lei	Elle	[**lè**i]

Pluriel

1re pers.	*Noi*	Nous	[**no**i]
2e pers.	*Voi*	Vous	[**vo**i]
3e pers.	*Essi*	Ils	[**ès**si]
	Esse	Elles	[**ès**sé]
	Loro	Ils, elles	[**lo**ro]

Lui, lei sont des pronoms compléments, employés comme sujets. On les utilise pour exprimer la troisième personne de politesse dont nous avons parlé précédemment (voir paragraphe **Spécificités de la langue italienne**).

Pouvez-vous me donner un peu de pain?
Mi può dare un po' di pane?

[Mi **pouo da**ré **oun** po di **pa**né]

ou, si l'on veut un peu accentuer:
Lei, mi può dare un po' di pane?

[**Lèi** mi **pouo da**ré **oun** po di **pa**né]

Sous-entendu: «Est-ce que sa Seigneurie peut me donner un peu de pain?» D'où le pronom au féminin.

Le pronom personnel complément

Les pronoms personnels compléments sont:

Singulier

1re pers.	*Mi*	me	[**mi**]	*me*	moi	[**mé**]
2e pers.	*ti*	te	[**ti**]	*te*	toi	[**té**]
3e pers.	*lo*	le	[**lo**]	*lui*	lui	[**loui**]
	gli	lui (masc.)	[**lyi**]	*lei*	elle	[**lèi**]
	la	la	[**la**]			
	le	lui (fém.)	[**lé**]			

Pluriel

1re pers.	*ci*	nous	[**tchi**]	*noi*	nous	[**noi**]
2e pers.	*vi*	vous	[**vi**]	*voi*	vous	[**voi**]
3e pers.	*li*	les (masc.)	[**li**]	*loro*	eux	[**lo**ro]
	le	les (fém.)	[**lé**]	*loro*	elles	[**lo**ro]
	loro	leur	[**lo**ro]			

Il me parle, *mi parla* [**mi par**la]

Il nous voit, *ci vede* [**tchi vé**dé]

Les pronoms compléments français «lui» et «les» s'accordent en genre en italien:

Je lui parle (à un homme), *Gli parlo* [**Lyi par**lo]

Je lui parle (à une femme), *Le parlo* [**lé par**lo]

Je les vois (eux ou elles), *Vedo loro* [**vé**do **lo**ro] ou

Le vedo [**lé vé**do]

Les pronoms personnels groupés

Dans certains cas, les pronoms personnels compléments se placent après le verbe et forment un seul mot avec lui:

- Avec l'impératif

Donnez-le-moi, *Datemelo* [**da**témélo]

Allez-vous-en, *Andatevene* [an**da**tevéné]

Apporte-le-moi, *Portamelo* [**por**tamélo]

Dans ce cas, l'accent tonique du verbe reste à sa place normale.

- Avec l'infinitif, le participe présent, le participe passé, le gérondif.

Se lever, *alzarsi* [al**dzar**si]

Grammaire

Me lever, *alzarmi* [al**dzar**mi]

S'habiller, *verstirsi* [ves**tir**si]

En parlant, *parlando* [par**lann**do]

La négation

L'usage de la négation est très simple en italien. La négation «ne ....
pas» se traduit simplement par **non**.

Il ne vient pas, *non viene* [**nonn vié**né]

Elle ne parle pas, *non parla* [**nonn par**la]

Il ne faut pas confondre cette négation avec le «non» (l'opposé du
«oui») qui est **no**.

Non il ne vient pas, *no non viene* [**no nonn vié**né]

LES VERBES

En italien il y a, comme en français, trois groupes de verbes qui se
distinguent d'après les terminaisons de l'infinitif qui sont -**are**, -**ere**,
-**ire**.

Cependant, on compte de nombreux verbes irréguliers dont la
conjugaison prend des formes particulières, et ce, parmi les verbes
les plus courants (voir plus loin, à la fin du paragraphe concernant
les verbes).

Verbes réguliers

Ier groupe (verbes en -are)

aimer – *amare* – [a**ma**ré]

Infinitif – *Infinito*

Présent	Presente	Passé	Passato
aimer	amare	avoir aimé	avere amato
	[a**ma**ré]		[a**vé**ré
			a**ma**to]

Dans les tableaux suivants concernant les verbes, nous marquerons en **gras**, dans le mot italien, la syllabe accentuée.

Participe – *Participio*

Présent	*Presente*	Passé	*Passato*
aimant	*a**man**te*	aimé-ée	*a**ma**to (a)*

Gérondif – *ge**run**dio*

en aimant	*a**man**do*	ayant aimé	*a**ven**do a**ma**to*

Indicatif – *Indica**ti**vo*

Présent	*Presente*	Passé composé	*Passato prossimo*
j'aime	*a**mo***	j'ai aimé	*ho a**ma**to*
tu aimes	*a**mi***	tu as aimé	*hai a**ma**to*
il aime	*a**ma***	il a aimé	*ha a**ma**to*
nous aimons	*a**mia**mo*	nous avons aimé	*ab**bia**mo a**ma**to*
vous aimez	*a**ma**te*	vous avez aimé	*a**ve**te a**ma**to*
ils aiment	*a**ma**no*	ils ont aimé	*han**no a**ma**to*

Imparfait	*Imperfetto*	Futur	*Futuro*
j'aimais	*a**ma**vo*	j'aimerai	*ame**rò***
tu aimais	*a**ma**vi*	tu aimeras	*ame**rai***
il aimait	*a**ma**va*	il aimera	*ame**rà***
nous aimions	*a**ma**vamo*	nous aimerons	*ame**re**mo*
vous aimiez	*a**ma**vate*	vous aimerez	*ame**re**te*
ils aimaient	*a**ma**vano*	ils aimeront	*ame**ran**no*

Grammaire

Subjonctif présent	Congiuntivo presente	Subjonctif imparfait	Congiuntivo imperfetto
que j'aime	che **ami**	que j'aimasse	che **amassi**
que tu aimes	che **ami**	que tu aimasses	che **amassi**
qu'il aime	che **ami**	qu'il aimât	che **amasse**
que nous aimions	che **amiamo**	que nous aimassions	che **amassimo**
que vous aimiez	che **amiate**	que vous aimassiez	che **amaste**
qu'ils aiment	che **amino**	qu'ils aimassent	che **amassero**

Conditionnel	Condizionale
j'aimerais	ame**rei**
tu aimerais	ame**resti**
il aimerait	ame**rebbe**
nous aimerions	ame**remmo**
vous aimeriez	ame**reste**
ils aimeraient	ame**rebbero**

2ᵉ groupe (verbes en -ere)

craindre – *temere* – [té**mé**ré]

Infinitif – *Infinito*

Présent	Presente	Passé	Passato
craindre	*temere* [té**mé**ré]	avoir craint	*avere temuto* [a**vé**ré te**mou**to]

Participe – *Participio*

Présent	*Presente*	**Passé**	*Passato*
craignant	*temente*	craint-ainte	*temuto (a)*

Gérondif – *Gerundio*

en craignant	*temendo*	ayant craint	*avendo temuto*

Indicatif – *Indicativo*

Présent	*Presente*	**Passé composé**	*Passato prossimo*
je crains	*temo*	j'ai craint	*ho temuto*
tu crains	*temi*	tu as craint	*hai temuto*
il craint	*teme*	il a craint	*ha temuto*
nous craignons	*temiamo*	nous avons craint	*abbiamo temuto*
vous craignez	*temete*	vous avez craint	*avete temuto*
ils craignent	*temono*	ils ont craint	*hanno temuto*

Imparfait	*Imperfetto*	**Futur**	*Futuro*
je craignais	*temevo*	je craindrai	*temerò*
tu craignais	*temevi*	tu craindras	*temerai*
il craignait	*temeva*	il craindra	*temerà*
nous craignions	*temevamo*	nous craindrons	*temeremo*
vous craigniez	*temevate*	vous craindrez	*temerete*
ils craignaient	*temevano*	ils craindront	*temeranno*

Grammaire

Subjonctif présent	*Congiuntivo presente*	**Subjonctif imparfait**	*Congiuntivo imperfetto*
que je craigne	*che tema*	que je craignisse	*che temessi*
que tu craignes	*che tema*	que tu craignisses	*che temessi*
qu'il craigne	*che tema*	qu'il craignît	*che temesse*
que nous craignions	*che temiamo*	que nous craignissions	*che temessimo*
que vous craigniez	*che temiate*	que vous craignissiez	*che temeste*
qu'ils craignent	*che temano*	qu'ils craignissent	*che temessero*

Conditionnel	*Condizionale*
je craindrais	*temerei*
tu craindrais	*temeresti*
il craindrait	*temerebbe*
nous craindrions	*temeremmo*
vous craindriez	*temereste*
ils craindraient	*temerebbero*

3e groupe (verbes en -ire)

Les verbes réguliers en *-ire* se conjuguent de deux manières: une partie selon le modèle de «partir», **partire**; une autre partie, la plus importante, selon le modèle de «comprendre», **capire**.

Partir – *partire* – [partiré]

Infinitif – *Infinito*

Présent	Presente	Passé	Passato
partir	*partire* [partiré]	être parti	*essere partito* [èsséré partito]

Participe – *Participio*

Présent	Presente	Passé	Passato
partant	*partente*	parti-ie	*partito (a)*

Gérondif – *Gerundio*

en partant	*partendo*	étant parti	*essendo partito*

Indicatif – *Indicativo*

Présent	Presente	Passé composé	Passato prossimo
je pars	*parto*	je suis parti	*sono partito*
tu pars	*parti*	tu es parti	*sei partito*
il part	*parte*	il est parti	*è partito*
nous partons	*partiamo*	nous sommes partis	*siamo partiti*
vous partez	*partite*	vous êtes partis	*siete partiti*
ils partent	*partono*	ils sont partis	*sono partiti*

Grammaire

Imparfait	*Imperfetto*	Futur	*Futuro*
je partais	*partivo*	je partirai	*partirò*
tu partais	*partivi*	tu partiras	*partirai*
il partait	*partiva*	il partira	*partirà*
nous partions	*partivamo*	nous partirons	*partiremo*
vous partiez	*partivate*	vous partirez	*partirete*
ils partaient	*partivano*	ils partiront	*partiranno*

Subjonctif présent	*Congiuntivo presente*	Subjonctif imparfait	*Congiuntivo imperfetto*
que je parte	*che parta*	que je partisse	*che partissi*
que tu partes	*che parta*	que tu partisses	*che partissi*
qu'il parte	*che parta*	qu'il partît	*che partisse*
que nous partions	*che partiamo*	que nous partissions	*che partissimo*
que vous partiez	*che partiate*	que vous partissiez	*che partiste*
qu'ils partent	*che partano*	qu'ils partissent	*che partissero*

Conditionnel	*Condizionale*
je partirais	*partirei*
tu partirais	*partiresti*
il partirait	*partirebbe*
nous partirions	*partiremmo*
vous partiriez	*partireste*
ils partiraient	*partirebbero*

Voici quelques verbes courants se conjuguant sur le modèle de *partire*: *avvertire*, avertir; *divertire*, divertir; *dormire*, dormir; *seguire*, suivre; *sentire*, sentir, entendre; *vestire*, habiller.

Comprendre – *Capire* – [kapiré]

Pour les verbes du troisième groupe se conjuguant sur le modèle de *capire*, seuls diffèrent, par rapport au modèle de conjugaison de *partire*, **l'indicatif** et **le subjonctif présent**. On ajoute le suffixe –*isco* pour ces temps-là. Tous les autres temps se conjuguent comme *partire*.

Indicatif présent   *Indicativo presente*

je comprends ——	*capisco*
tu comprends ←——	*capisci*
il comprend ——	*capisce*
nous comprenons	*capiamo*
vous comprenez —	*capite*
ils comprennent	*capiscono*

Subjonctif présent   *Congiuntivo presente*

que je comprenne	*che capisca*
que tu comprennes	*che capisca*
qu'il comprenne	*che capisca*
que nous comprenions	*che capiamo*
que vous compreniez	*che capiate*
qu'ils comprennent	*che capiscano*

Les autres temps sont identiques au verbe *partire*.

Exemples

Futur:	je comprendrai, *capirò*, [kapi**rò**]
Imparfait:	je comprenais, *capivo*, [ka**pi**vo]
Conditionnel:	je comprendrais, *capirei*, [kapi**rei**]

Grammaire

35

Voici quelques exemples de verbes courants se conjuguant sur le modèle de *capire*: *costruire*, construire; *finire*, finir; *fiorire*, fleurir; *guarire*, guérir; *obbedire*, obéir; *proibire*, interdire; *pulire*, nettoyer; *punire*, punir.

<u>**Verbes irréguliers**</u>

La langue italienne compte un grand nombre de verbes irréguliers. Il y en a presque 300! Ils ont la particularité, entre autres, d'avoir une forme particulière au **participe passé.** Voici quelques exemples des verbes les plus courants:

Infinitif	**Participe passé**
Infinito	*Participio passato*
Accendere (allumer)	*acceso* (allumé)
Accorgersi (s'apercevoir)	*accorto* (aperçu)
Cadere (tomber)	*caduto* (tombé)
Chiedere (demander)	*chiesto* (demandé)
Chiudere (fermer)	*chiuso* (fermé)
Cuocere (cuire, faire cuire)	*cotto* (cuit)
Immergere (plonger)	*immerso* (plongé)
Leggere (lire)	*letto* (lu)
Perdere (perdre)	*perso* (perdu)
Proteggere (protéger)	*protetto* (protégé)
Ridere (rire)	*riso* (ri)
Rompere (casser)	*rotto* (cassé)
Scegliere (choisir)	*scelto* (choisi)
Scendere (descendre)	*sceso* (descendu)
Scrivere (écrire)	*scritto* (écrit)
Togliere (enlever)	*tolto* (enlevé)
Volere (vouloir)	*voluto* (voulu)

Bien que l'on compte des verbes irréguliers dans les trois groupes, la majorité d'entre eux sont du deuxième groupe (*–ere*).

Le verbe «être»

L'équivalent du verbe auxiliaire «**être**» est **essere** [**è**sséré], en italien.

Infinitif – *Infinito*

Présent	Presente	Passé	Passato
être	*essere* [**è**sséré]	avoir été	*essere stato* [**è**sséré **sta**to]

Participe – *Participio*

Présent	Presente	Passé	Passato
étant	(n'existe pas en italien)	été	*stato/stata*

Gérondif - *Gerundio*

en étant	*essendo*	ayant été	*essendo stato*

Indicatif – *Indicativo*

Présent	Presente	Passé composé	Passato prossimo
je suis	*sono*	j'ai été	*sono stato* *
tu es	*sei*	tu as été	*sei stato*
il est	*è*	il a été	*è stato*
nous sommes	*siamo*	nous avons été	*siamo stati*
vous êtes	*siete*	vous avez été	*siete stati*
ils sont	*sono*	ils ont été	*sono stati*

Grammaire

* À noter: contrairement au verbe français «être», le verbe italien **essere** se conjugue au passé avec lui-même comme auxiliaire. Le participe passé s'accorde avec le sujet.

J'ai été (c'est une femme qui parle)
Sono stata
[**so**no **sta**ta]

Nous avons été (plusieurs femmes parlent)
siamo state
[**sia**mo **sta**te]

Imparfait	*Imperfetto*	**Futur**	*Futuro*
j'étais	e*ro*	je serai	sa*rò*
tu étais	e*ri*	tu seras	sa*rai*
il était	e*ra*	il sera	sa*rà*
nous étions	era*va*mo	nous serons	sa*re*mo
vous étiez	era*va*te	vous serez	sa*re*te
ils étaient	e*ra*no	ils seront	sa*ran*no

Subjonctif - *congiuntivo*

Présent	*Presente*	**Imparfait**	*Imperfetto*
que je sois	che **sia**	que je fusse	che **fo**ssi
que tu sois	che **sia**	que tu fusses	che **fo**ssi
qu'il soit	che **sia**	qu'il fût	che **fo**sse
que nous soyons	che **sia**mo	que nous fussions	che **fo**ssimo
que vous soyez	che **sia**te	que vous fussiez	che **fo**ste
qu'ils soient	che **sia**no	qu'ils fussent	che **fo**ssero

Conditionnel	*condizionale*
je serais	*sarei*
tu serais	*saresti*
il serait	*sarebbe*
nous serions	*saremmo*
vous seriez	*sareste*
ils seraient	*sarebbero*

Voici quelques exemples de l'utilisation classique du verbe **essere**, comme en français:

Tu es né en Sicile? *Sei nato in Sicilia?* [**sè**i **na**to inn si**tchi**lia]

Je suis malade. *Sono malato (a).* [**so**no ma**la**to (a)]

La boîte est en bois. *La scatola è di legno.* [La **ska**tola **è** di **lé**gno]

Usages du verbe «être» spécifiques à l'italien

Il faut noter certaines utilisations particulières du verbe «être»:

- Pour traduire l'expression **«il y a»**

On utilise le verbe «être» au lieu du verbe «avoir». Il se conjugue à tous les temps et **s'accorde en nombre avec le sujet**:

Il y a une maison, **c'è** *una casa* [**tchè ou**na **ka**sa]

Il y a des maisons, **ci sono** *delle case* [**tchi so**no **de**lle **ka**sé]

Il y avait un homme, **c'era** *un uomo* [**tchè**ra **oun ouo**mo]

Il y avait deux hommes, **c'erano** *due uomini* [**tche**rano **dou**e **ouo**mini]

- «Il y a» indiquant le temps

On utilise le verbe *essere*, pour signaler une **période de temps** considérée en elle-même.

Il y a trente jours en juin

Ci sono *trenta giorni in giugno*

[**tchi so**no **trenn**ta **djor**ni inn **djou**gno]

Grammaire

Cependant, s'il s'agit du temps écoulé depuis un fait passé et achevé, on traduira «il y a» par le verbe *fare* employé impersonnellement *(fa)* au sens de «cela fait».

Je suis partie il y a trois ans.
*Sono partita tre anni **fa**.*
[**so**no par**ti**ta **tré a**nni **fa**]

Si l'action dure encore, on utilisera *da*.
Il y a quatre ans que j'étudie le violon.
*Studio il violino **da** quattro anni.*
[**stou**dio il vio**li**no da **koua**ttro **a**nni]

Le verbe «avoir»

L'équivalent du verbe «**avoir**» est **avere** [a**vé**ré], en italien.

Infinitif – *Infini to*

Présent	Presente	Passé	Passato
avoir	*avere* [a**vé**ré]	avoir eu	*avere avuto* [a**vé**ré a**vou**to]

Participe – *Partici pio*

Présent	Presente	Passé	Passato
ayant	*avente*	eu-eue	*avuto/a*

Gérondif – *Gerun dio*

en ayant	*a**ven**do*	ayant eu	*a**ven**do a**vu**to*

Indicatif – *Indicativo*

Présent	*Presente*	Passé composé	*Passato prossimo*
j'ai	*ho*	j'ai eu	*ho avuto*
tu as	*hai*	tu as eu	*hai avuto*
il a	*ha*	il a eu	*ha avuto*
nous avons	*abbiamo*	nous avons eu	*abbiamo avuto*
vous avez	*avete*	vous avez eu	*avete avuto*
ils ont	*hanno*	ils sont eu	*hanno avuto*

Imparfait	*Imperfetto*	Futur	*Futuro*
j'avais	*avevo*	j'aurai	*avrò*
tu avais	*avevi*	tu auras	*avrai*
il avait	*aveva*	il aura	*avrà*
nous avions	*avevamo*	nous aurons	*avremo*
vous aviez	*avevate*	vous aurez	*avrete*
ils avaient	*avevano.*	ils auront	*avranno*

Subjonctif présent	*Congiuntivo presente*	Subjonctif imparfait	*Congiuntivo imperfetto*
que j'aie	*che abbia*	que j'eusse	*che avessi*
que tu aies	*che abbia*	que tu eusses	*che avessi*
qu'il ait	*che abbia*	qu'il eût	*che avesse*
que nous ayons	*che abbiamo*	que nous eussions	*che avessimo*
que vous ayez	*che abbiate*	que vous eussiez	*che aveste*
qu'ils aient	*che abbiano*	qu'ils eussent	*che avessero*

Conditionnel	*condizionale*
j'aurais	*a**vrei***
tu aurais	*a**vres**ti*
il aurait	*a**vre**bbe*
nous aurions	*a**vre**mmo*
vous auriez	*a**vres**te*
ils auraient	*a**vre**bbero*

Autres verbes courants

Infinitif

ouvrir	*aprire*	(irrégulier)	[a**pri**ré]
aller	*andare*	(irrégulier)	[ann**da**ré]
venir	*venire*	(irrégulier)	[vé**ni**ré]
donner	*dare*	(irrégulier)	[**da**ré]
pouvoir	*potere*	(irrégulier)	[po**té**ré]
vouloir	*volere*	(irrégulier)	[vo**lé**ré]
parler	*parlare*		[par**la**ré]
manger	*mangiare*		[mann**dja**ré]

Présent de l'indicatif (Ire personne)

j'ouvre	*apro*	[**a**pro]
je vais	*vado* *	[**va**do]
je viens	*vengo* *	[**venn**go]
je donne	*do* *	[**do**]
je peux	*posso* *	[**po**sso]
je veux	*voglio* *	[**vo**lyio]
je parle	*parlo*	[**par**lo]
je mange	*mangio*	[**mann**djo]

* Tous ces verbes ont une forme irrégulière à l'indicatif présent.
Conjugaison (je, tu, il, nous, vous, ils):

Grammaire

aller, *andare*: **va**do, **va**i, **va**, an**dia**mo, an**da**te, **va**nno.
venir, *venire*: **ve**ngo, **vie**ni, **vie**ne, ve**nia**mo, ve**ni**te, **ve**ngono.
donner, *dare*: **do**, **da**i, **dà**, **dia**mo, **da**te, **da**nno.
pouvoir, *potere*: **po**sso, **puo**i, **può**, po**ssia**mo, po**te**te, **po**ssono.
vouloir, *volere*: **vo**glio, **vuo**i, **vuo**le, vo**glia**mo, vo**le**te, **vo**gliono.

Imparfait (Ire personne)

j'ouvrais	*aprivo*	[a**pri**vo]
j'allais	*andavo*	[ann**da**vo]
je venais	*venivo*	[vé**ni**vo]
je donnais	*davo*	[**da**vo]
je pouvais	*potevo*	[po**té**vo]
je voulais	*volevo*	[vo**lé**vo]
je parlais	*parlavo*	[par**la**vo]
je mangeais	*mangiavo*	[mann**dja**vo]

Futur (Ire personne)

j'ouvrirai	*aprirò*	[apri**ro**]
j'irai	*andrò* *	[ann**dro**]
je viendrai	*verrò* *	[ver**ro**]
je donnerai	*darò* *	[da**ro**]
je pourrai	*potrò* *	[po**tro**]
je voudrai	*vorrò* *	[vo**rro**]
je parlerai	*parlerò*	[parlé**ro**]
je mangerai	*mangerò*	[manndjé**ro**]

* Tous ces verbes ont une forme irrégulière au futur.

Grammaire

Conjugaison (je, tu, il, nous, vous, ils):
aller, *andare: andrò, andrai, andrà, andremo, andrete, andranno.*
venir, ve*ni*re: *verrò, verrai, verrà, verremo, verrete, verranno.*
donner, *dare: darò, darai, darà, daremo, darete, daranno.*
pouvoir, *potere: potrò, potrai, potrà, potremo, potrete, potranno.*
vouloir, *volere: vorrò, vorrai, vorrà, vorremo, vorrete, vorranno.*

PAX TIBI MARGE EVANGELISTA MEVS

MOTS ET EXPRESSIONS USUELS

Oui	*Si*	[**si**]
Non	*No.*	[**no**]
Peut-être	*Forse*	[**for**sé]
Excusez-moi	*Mi scusi*	[mi **skou**zi]
Bonjour (forme familière)	*Ciao*	[**tcha**o]
Bonjour (le matin)	*Buongiorno*	[bouonn**djor**no]
Bonjour (après-midi)	*Buonasera* ou *Buona sera*	[bouona**sé**ra] [b**ouo**na **sé**ra]
Bonsoir	*Buonasera* ou *Buona sera*	[bouona**sé**ra] [**bou**ona **sé**ra]
Bonne nuit	*Buonanotte* ou *Buona notte*	[bouona**no**tte] [**bouo**na **no**tte]
Salut	*Ciao*	[**tcha**o]

Au revoir (personne avec qui l'on est familier)
Arrivederci
[arrivé**dér**tchi]

Au revoir (personne avec qui l'on n'est pas familier)
Arriverderla
[arrivé**der**la]

Merci	*Grazie* **	[**grat**sié]
Merci beaucoup	*Mille grazie*	[**mi**llé **grat**sié]

45

S'il vous plaît
Per piacere *, Per favore *, Per cortesia *
[**pér** pia**tché**ré] [**pér** fa**vo**ré] [**pér** korté**zia**]

Je vous en prie (il n'y a pas de quoi, de rien)
Prego **
[**prè**go]

Comment allez-vous?   *Come sta?*   [**ko**mé **sta**]
Très bien, et vous?   *Benissimo grazie, e lei?* [bé**ni**ssimo **grat**sié e **lei**?]

Très bien, merci
Bene, grazie ou *Benissimo, grazie*
[**bé**né **gra**tzié] [bé**ni**ssimo **grat**sié]

Où se trouve…?   *Dove si trova…?*   [**do**vé si **tro**va]

Où se trouve l'hôtel…?
Dove si trova l'albergo…?
[**do**vé si **tro**va l'al**ber**go]

Est-ce qu'il y a…?   *C'è…?*   [**tchè**]

Est-ce qu'il y a une piscine?
C'è una piscina?
[**tchè ou**na pi**chi**na]

Est-ce loin d'ici?   *È lontano da qui?*   [**è** lon**ta**no da **koui**]
Est-ce près d'ici?   *È vicino da qui?*   [**è** vi**tchi**no da **koui**]
Ici   *Qui*   [**koui**]
Là   *Là*   [**la**]

À droite	*A destra*	[**a dès**tra]
À gauche	*A sinistra*	[**a** si**nis**tra]
Tout droit	*Diritto* ou *Dritto*	[di**ri**tto] [**dri**tto]
Avec	*Con*	[**ko**nn]
Beaucoup	*Molto* ***	[**mol**to]
Peu	*Poco*	[**po**ko]
Souvent	*Spesso*	[**spé**sso]
De temps à autre	*Qualche volta*	[**koual**ké **vol**ta]
Quand	*Quando*	[**kouann**do]
Très	*Molto* ***	[**mol**to]
Aussi	*Anche*	[**ann**ké]

* On peut employer les trois formules, mais *Per piacere* est la plus utilisée. Quand on emploie *Per cortesia,* cela signifie que l'autre personne est pratiquement obligée de répondre à notre demande.

** Lorsque quelqu'un vous dit «merci» (*grazie*), vous devez **toujours** répondre *prego*. C'est une règle de politesse en Italie.

*** L'adjectif *molto* s'accorde en genre et en nombre avec le nom:
Il y a beaucoup de monde.
C'è **molta gente**.
[**tchè mol**ta **djenn**té]

Il y a beaucoup de femmes.
Ci sono **molte donne**.
[**tchi so**no **mol**té **do**nné]

Mots et expressions usuels

Dessus (sur, au-dessus de)	*Sopra*	[**so**pra]

Dessous (sous, en dessous de)	*Sotto*	[**so**tto]

En haut	*Su*	[**sou**]
En bas	*Giù*	[**djou**]

Ouvert	*Aperto*	[a**pèr**to]
Fermé	*Chiuso*	[**kiou**zo]

Excusez-moi, je ne comprends pas.
Scusi, non capisco.
[**skou**zi, **nonn** ka**pis**ko]

Pouvez-vous parler plus lentement, s'il vous plaît?
Per favore, può parlare più lentamente?
[**pér** fa**vo**ré, **pouo** par**la**ré **piou** lenta**menn**té]

Pouvez-vous répéter, s'il vous plaît?
Per piacere, può ripetere?
[**pér** pia**tché**ré, **pouo** ri**pè**téré?]

Parlez-vous français?
Parla francese?
[**par**la frann**tché**zé?]

Je ne parle pas l'italien.
Non parlo italiano.
[**nonn par**lo ita**lia**no]

Y a-t-il quelqu'un ici qui parle français?
C'è qualcuno qui che parli francese?
[**tchè** koual**kou**no **koui ké** parli frann**tché**zé?]

Mots et expressions usuels

Y a-t-il quelqu'un ici qui parle anglais?
C'è qualcuno qui che parli inglese?
[**tchè** koual**kou**no **koui ké par**li inn**glé**zé?]

Est-ce que vous pouvez me l'écrire?
Me lo può scrivere?
[**mé** lo **pouo scri**véré]

Qu'est-ce que cela veut dire?
Che cosa significa questo?
[**ké ko**sa si**gni**fika **koues**to?]

Que veut dire le mot…?
Che cosa significa la parola…?
[**ké ko**sa si**gni**fika la pa**ro**la?]

Je comprends.
Capisco.
[ka**pis**ko]

Vous comprenez?
Capisce?
[ka**pi**ché?]

En français, on dit…
In francese, si dice…
[**inn** frann**tché**zé si **di**tché]

En anglais, on dit…
In inglese, si dice…
[**inn** inn**glé**zé si **di**tché]

Pouvez-vous me l'indiquer dans le livre?
Me lo può indicare nel libro, per piacere?
[mé lo **pouò** inndika**ré** nel **li**bro **pér** pia**tché**ré]

Puis-je avoir…?
Posso avere (ou, plus poli:) *potrei avere…?*
[**po**sso a**vé**ré] ou [po**tre**i a**vé**ré]

Je voudrais avoir…
Vorrei avere...
[vo**rrè**i a**vé**ré]

Je ne sais pas.
Non lo so.
[**nonn** lo **so**]

LES NOMBRES – *I NUMERI*

Zéro	*Zero*	[**dze**ro]
Un	*Uno*	[**ou**no]
Deux	*Due*	[**dou**é]
Trois	*Tre*	[**tré**]
Quatre	*Quattro*	[**koua**ttro]
Cinq	*Cinque*	[**tchinn**koué]
Six	*Sei*	[**sèi**]
Sept	*Sette*	[**sè**tté]
Huit	*Otto*	[**o**tto]
Neuf	*Nove*	[**no**vé]
Dix	*Dieci*	[**diè**tchi]
Onze	*Undici*	[**ounn**ditchi]
Douze	*Dodici*	[**do**ditchi]
Treize	*Tredici*	[**tré**ditchi]
Quatorze	*Quattordici*	[koua**ttor**ditchi]
Quinze	*Quindici*	[**kouinn**ditci]
Seize	*Sedici*	[**sé**ditchi]
Dix-sept	*Diciassette*	[ditcha**ssè**tté]
Dix-huit	*Diciotto*	[ditch**o**tto]
Dix-neuf	*Diciannove*	[ditcha**no**vé]
Vingt	*Venti*	[**venn**ti]
Vingt et un	*Ventuno*	[venn**tou**no]
Vingt-deux	*Ventidue*	[vennti**dou**é]
Trente	*Trenta*	[**trenn**ta]
Trente et un	*Trentuno*	[trenn**tou**no]
Trente-deux	*Trentadue*	[trennta**dou**é]
Quarante	*Quaranta*	[koua**rann**ta]

Quarante et un	*Quarantuno*	[kourann**tou**no]
Cinquante	*Cinquanta*	[tchinn**kouann**ta]
Soixante	*Sessanta*	[se**ssann**ta]
Soixante-dix	*Settanta*	[se**ttann**ta]
Quatre-vingt	*Ottanta*	[o**ttann**ta]
Quatre-vingt-dix	*Novanta*	[no**vann**ta]
Cent	*Cento*	[**tchenn**to]
Deux cents	*Duecento*	[doué**tchenn**to]

Deux cent quarante-deux
Duecentoquarantadue
[doué**tchenn**tokouarantadoué]

Cinq cents	*Cinquecento*	[**tchinn**koué**tchenn**to]
Mille	*Mille*	[**mi**llé]
Dix mille	*Diecimila*	[d`tchi`**mi**la]
Un million	*Un milione*	[**oun** mi**llio**né]

LES COULEURS – *I COLORI*

Blanc/blanche	*Bianco/bianca*	[**biann**ko]/[**biann**ka]
Bleu/bleue	*Azzurro/azzurra*	[a**dzou**rro]/[a**dzou**rra]
Jaune	*Giallo/gialla*	[**dja**llo]/[**dja**lla]
Noir/noire	*Nero/nera*	[**né**ro]/[**né**ra]
Rouge	*Rosso/rossa*	[**ro**sso]/[**ro**ssa]
Vert/verte	*Verde*	[**vér**dé]

L'HEURE ET LE TEMPS – *L'ORA E IL TEMPO*

L'heure – *L'ora*

Quelle heure est-il?	*Che ore sono?*	[**ké o**ré **so**no]
Il est midi.	*È mezzogiorno.*	[**è** mèddzo**djor**no]
Il est une heure.	*È l'una.*	[**è** l'**ou**na]
Il est deux heures.	*Sono le due.*	[**so**no **lé dou**é]

Il est trois heures et demie.
Sono le tre e mezza.
[**so**no **lé tré é mèdd**za]

Il est quatre heures et quart.
Sono le quattro e un quarto.
[**so**no **lé koua**ttro **é oun kouar**to]

Il est cinq heures moins le quart.
Sono le cinque meno un quarto.
[**so**no **le tchinn**koué **mé**no **oun kouar**to]

Il est six heures cinq.
Sone le sei e cinque.
[**so**no **lé sè**i **é tchinn**koué]

Il est sept heures moins dix.
Sono le sette meno dieci.
[**so**no **lé sè**tté **mé**no **diè**tchi]

Dans une demi-heure	*Fra mezz'ora*	[**fra me**ddz **o**ra]
Dans une heure	*Fra un' ora*	[**fra oun o**ra]
Dans un instant	*Fra un attimo*	[**fra oun a**ttimo]

Un instant, s'il vous plaît.
Un momento per favore.
[**oun** mo**menn**to **pér** fa**vo**ré]

Quand?	*Quando?*	[**kouann**do]
Tout de suite	*Subito*	[**sou**bito]
Maintenant	*Ora*	[**o**ra]
Ensuite	*Dopo*	[**do**po]
Plus tard	*Più tardi*	[**piou tar**di]

Je reviendrai dans une heure.
Tornerò fra un'ora.
[tornè**ro fra oun o**ra]

Les jours de la semaine – *I giorni della settimana*

Dimanche	*Domenica*	[do**mé**nika]
Lundi	*Lunedì*	[loune**di**]
Mardi	*Martedì*	[marté**di**]
Mercredi	*Mercoledì*	[mercolé**di**]
Jeudi	*Giovedì*	[djové**di**]
Vendredi	*Venerdì*	[véner**di**]
Samedi	*Sabato*	[**sa**bato]
Jour ouvrable	*Giorno feriale*	[**djor**no fé**ria**lé]
Jour férié	*Giorno festivo*	[**djor**no fes**ti**vo]

Moments de la journée – *Differenti periodi del giorno*

Jour	*Giorno*	[**djor**no]
Nuit	*Notte*	[**no**tté]
Matin	*Mattina*	[ma**tti**na]
Après-midi	*Pomeriggio*	[pomé**ri**ddjo]
Soir	*Sera*	[**sé**ra]

Aujourd'hui	*Oggi*	[**o**ddji]
Ce matin	*Stamattina*	[stama**tti**na]
Cet après-midi	*Questo pomeriggio*	[**koues**to pomé**ri**ddjo]
Ce soir	*Stasera*	[sta**sé**ra]
Demain	*Domani*	[do**ma**ni]

Demain matin
Domani mattina (ou) *Domattina*
[do**ma**ni ma**tti**na] [doma**tti**na]

Demain après-midi	*Domani pomeriggio*	[do**ma**ni pomé**ri**ddjo]
Demain soir	*Domani sera*	[do**ma**ni **sé**ra]
Après-demain	*Dopo domani*	[**do**po do**ma**ni]
Hier	*Ieri*	[**ié**ri]

Avant-hier
Ieri l'altro ou *L'altro ieri*
[**ié**ri l'**al**tro] [l'**al**tro **ié**ri]

| Semaine | *Settimana* | [sé**tti**mana] |

Renseignements généraux

La semaine prochaine
La settimana prossima
[la séttima na **pro**ssima]

La semaine dernière
La scorsa settimana ou *La settimana scorsa*
[la **skor**sa séttima na] [la séttima na **skor**sa]

| Lundi prochain | *Lunedì prossimo* | [loune**di pro**ssimo] |

Les mois – *I mesi*

Janvier	*Gennaio*	[djé**nna**yo]
Février	*Febbraio*	[fé**bbra**yo]
Mars	*Marzo*	[**mar**dzo]
Avril	*Aprile*	[a**pri**lé]
Mai	*Maggio*	[**ma**ddjo]
Juin	*Giugno*	[**djou**gno]
Juillet	*Luglio*	[**lou**lyio]
Août	*Agosto*	[a**gos**to]
Septembre	*Settembre*	[sé**ttem**bré]
Octobre	*Ottobre*	[o**tto**bré]
Novembre	*Novembre*	[no**vemm**bré]
Décembre	*Dicembre*	[di**cemm**bré]

Le 1er juin	*Il primo di giugno*	[il **pri**mo di **djou**gno]
Le 10 juin	*Il dieci di giugno*	[il **diè**tchi di **djou**gno]
Le 17 juin	*Il diciassette di giugno*	[il ditcha**ssè**tté di **djou**gno]
Le 31 juillet	*Il trentuno di luglio*	[il trenn**tou**no di **lou**lyio]

| Mois | *Mese* | [**mé**zé] |

Le mois prochain
Il prossimo mese ou *Il mese prossimo*
[il **pro**ssimo **mé**zé] [il **mé**zé **pro**ssimo]

Le mois dernier
Lo scorso mese ou *Il mese scorso*
[lo **skor**so **mé**zé] [il **mé**zé **skor**so]

| Année | *Anno* | [**a**nno] |

L'année prochaine (l'an prochain)
L'anno prossimo
[l'**a**nno **pro**ssimo]

L'année passée (l'an dernier)
Lo scorso anno ou *l'anno scorso*
[lo **skor**so **a**nno] [l'**a**nno **skor**so]

À partir de quelle heure peut-on prendre le petit déjeuner?
Da che ora si può fare la prima colazione?
[**da ké o**ra si **pou**o **fa**ré la **pri**ma kola**tzio**né]

Jusqu'à quelle heure…?
Fino a che ora….?
[**fi**no a **ké o**ra]

À quelle heure la chambre sera-t-elle prête?
A che ora sarà pronta la camera?
[a **ké o**ra sa**ra pronn**ta la **ka**méra]

Renseignements généraux

57

À quelle heure doit-on quitter la chambre?
A che ora dobbiamo lasciare la camera?
[A **ké o**ra do**bbia**mo la**chia**ré la **ka**méra]

Quel est le décalage horaire entre... et ...?
Qual'è il cambio d'orario tra...... e ......?
[**koual è** il **kamm**bio d'o**ra**rio **tra**... é ...]   ou
Qual'è la differenza d'orario tra..... e
[**koual è** la diffé**rénn**tsa d'o**ra**rio **tra**.... é...]

PAYS ET NATIONALITÉS -
PAESI E NAZIONALITÀ

Allemagne	*Germania*	[djer**ma**nia]
Angleterre	*Inghilterra*	[innguil**tè**rra]
Australie	*Australia*	[aous**tra**lia]
Autriche	*Austria*	[**aous**tria]
Belgique	*Belgio*	[**bèl**djo]
Canada	*Canadà*	[kana**da**]
Écosse	*Scozia*	[**sko**tzia]
Espagne	*Spagna*	[**spa**gna]
États-Unis	*Stati Uniti*	[**sta**ti ou**ni**ti]
France	*Francia*	[**frann**tcha]
Grande-Bretagne	*Gran Bretagna*	[**grann** bré**ta**gna]
Grèce	*Grecia*	[**grét**cha]
Irlande	*Irlanda*	[ir**lann**da]
Italie	*Italia*	[i**ta**lia]
Pays-Bas	*Paesi Bassi*	[pa**é**zi **ba**ssi]
Portugal	*Portogallo*	[porto**gal**lo]
Québec	*Quebec*	[**ké**bek]
Russie	*Russia*	[**rou**ssia]

Je suis...	*Sono...*	[**so**no]
Allemand/	*Tedesco/*	[té**des**ko]
Allemande	*Tedesca*	[té**des**ka]
Anglais/Anglaise	*Inglese/Inglese*	[inn**glé**zé]
Américain/	*Americano/*	[améri**ka**no]
Américaine	*Americana*	[améri**ka**na]
Australien/	*Australiano/*	[aoustra**lia**no]
Australienne	*Australiana*	[aoustra**lia**na]
Autrichien/	*Austriaco/*	[aous**tri**ako]
Autrichienne	*Austriaca*	[aous**tri**aka]
Belge	*Belga*	[**bèl**ga]
Canadien/	*Canadese/*	[kana**dé**sé]
Canadienne	*Canadese*	
Espagnol/Espagnole	*Spagnolo/Spagnola*	[spa**gno**lo/a]
Français/Française	*Francese/Francese*	[frann**tché**zé]
Grec/Grecque	*Greco/Greca*	[**grè**ko] [**grè**ka]
Hollandais/Hollandaise	*Olandese/Olandese*	[olan**dé**sé]
Irlandais/Irlandaise	*Irlandese/irlandese*	[irlan**dé**sé]
Italien/Italienne	*Italiano/Italiana*	[ita**lia**no] [ita**lia**na]
Portugais/Portugaise	*Portoghese/Portoghese*	[porto**gué**zé]
Québécois/	*Quebecois/*	[kébé**koua**]
Québécoise	*Quebecoise* ou	[kébé**koua**ze]
	del Quebec	[del kébek]
Suisse (homme)	*Svizzero/*	[**zvi**tséro]
Suisse (femme)	*Svizzera*	[**zvi**tséra]

Renseignements généraux

FORMALITÉS D'ENTRÉE –
FORMALITÀ D'INGRESSO

Douane	*Dogana*	[do**ga**na]
Immigration	*Immigrazione*	[immigra**tsio**né]
Passeport	*Passaporto*	[passa**por**to]
Carte d'identité	*Cartà d'identità*	[**kar**ta d'identi**ta**]

Les papiers (au sens de «pièces d'identité»)
I documenti
[i dokou**men**ti]

Visa	*Visto*	[**vis**to]
L'ambassade	*L'ambasciata*	[l'ammba**chia**ta]
Le consulat	*Il consolato*	[il konnso**la**to]
Citoyen (-ne)	*Cittadino/-a*	[tchitta**di**no] [-a]
Bagages	*Bagagli*	[ba**ga**lyi]
Sac	*Borsa*	[**bor**sa]
Valise	*Valigia*	[va**li**dja]

Votre passeport, s'il vous plaît.
Il suo passaporto, per piacere.
[il **sou**o passa**por**to **pér** pia**tché**ré]

Combien de temps allez-vous séjourner au pays?
Quanto tempo rimarrà nel paese?
[**kouan**to **temm**po rima**rra nel pa**é**sé]

Trois jours	*Tre giorni*	[**tré djor**ni]
Une semaine	*una settimana*	[**ou**na **sétti**ma**na]
Un mois	*un mese*	[**oun mé**zé]

Avez-vous un billet de retour?
Ha un biglietto di ritorno?
[**a oun** bil**ye**tto di ri**tor**no]

Quelle sera votre adresse en Italie?
Quale sarà il suo indirizzo in Italia?
[**koua**lé sa**ra** il **souo** inndi**ri**tzo **inn** i**ta**lia]

Voyagez-vous avec des enfants?
Lei viaggia con dei bambini?
[**Lè**i **via**dja **konn dé**i bamm**bi**ni]

Voici le consentement de sa mère (de son père).
Ecco il consenso di sua madre (di suo padre).
[**è**kko il konn**senn**so **di sou**a **ma**dré (**di souo pa**dré)]

Je ne suis qu'en transit.
Sono soltanto in transito.
[**so**no sol**tann**to **inn** trann**zi**to]

Je suis en voyage d'affaires.
Sono in viaggio d' affari.
[**so**no **inn viad**jo d'a**ffa**ri]

Je suis en voyage de tourisme.
Sono in viaggio turistico.
[**so**no **inn viad**jo tou**ris**tiko]

Pouvez-vous ouvrir votre sac, s'il vous plaît?
Per favore, può aprire la borsa?
[**Pér** fa**vo**ré **pouo** a**pri**ré la **bor**sa]

Renseignements généraux

Je n'ai rien à déclarer.
Non ho nulla da dichiarare.
[**nonn o nou**lla da dikia**ra**ré]

À L'AÉROPORT -
ALL'AEROPORTO

Les transports - *I mezzi di trasporto*

Autobus	*Autobus*	[**aou**tobous]
Avion	*Aereo*	[a**é**réo]
Bateau	*Barca*	[**bar**ka]
Gros bateau/navire	*Nave*	[**na**vé]
Taxi	*Tassì* ou *Taxi*	[ta**ssi**] [**ta**csi]
Train	*Treno*	[**trè**no]

Voiture
Automobile ou *macchina*
[aouto**mo**bilé] [**ma**kkina]

Voiture de location
Automobile a noleggio ou *Auto noleggiata*
[aouto**mo**bile a no**lé**ddjo] [**aou**to nole**ddja**ta]

Office de tourisme
Azienda di promozione turistica ou *Ente del turismo* ou *Ufficio del turismo*
[ad**ziènn**da di promo**tsio**né tou**ris**tika] [**enn**té **del** tou**ris**mo] [ou**ffi**tcho **del** tou**ris**mo]

Renseignements touristiques
Informazioni turistiche
[informa**tsio**ni tou**ris**tiké]

Renseignements – *Informazioni*

J'ai perdu une valise.
Ho perso una valigia.
[**o per**so **ou**na vali**d**ja]

J'ai perdu mes bagages.
Ho perso i bagagli.
[**o per**so i ba**gal**yi]

Je suis arrivé sur le vol n°... de ...
Sono arrivato col volo numero... da ...
[**so**no arri**va**to **kol vo**lo **nou**méro... da ...]

Je n'ai pas encore eu mes bagages.
Non ho ancora ricuperato i bagagli.
[**nonn o** ann**ko**ra rikoupé**ra**to i ba**gal**yi]

Y a-t-il un bus qui se rend au centre-ville?
C'è un autobus per andare fino al centro città?
[**tchè oun aou**tobous **pér** ann**da**ré **fi**no al **tchenn**tro tchi**tà**]

Où le prend-on?
Dove si può prendere?
[**do**vé si **pouo prenn**déré]

Quel est le prix du billet?
Quanto costa il biglietto?
[**kouann**to **kos**ta il bi**lyie**tto]

Est-ce que ce bus va à...?
Questo autobus va a...?
[**Koués**to **a**outobous **va a**]

Renseignements généraux

Combien de temps faut-il pour se rendre à l'aéroport?
Quanto tempo ci vuole per andare all'aeroporto?
[**kouann**to **temm**po **tchi vouo**lé **pér** ann**da**ré all'aéro**por**to]

Combien de temps faut-il pour se rendre au centre-ville?
Quanto tempo ci vuole per andare in centro città?
[**Kouann**to **temm**po **tchi vouo**le **pér** ann**da**ré **inn tchenn**tro tchi**ttà**]

Combien faut-il payer?
Quanto costa ou *Quanto si deve pagare?*
[**kouann**to **kos**ta]   [**kouann**to si **dé**vé pa**ga**ré]

Où prend-on le taxi?
Dove si prende il taxi?
[**do**vé si **prenn**dé il **ta**csi]

Combien coûte le trajet pour…?
Quanto costa il percorso per...?
[**kouann**to **kos**ta il per**kor**so **pér**]

Où peut-on louer une voiture?
Dove si può noleggiare un'automobile?
[**do**vé si **pouo** nolé**ddja**ré **oun** aouto**mo**bilé]

Est-ce qu'on peut réserver une chambre d'hôtel depuis l'aéroport?
Dall'aeroporto, è possibile prenotare una camera in un albergo?
[**Dall**'aéro**por**to **è** po**ssi**bilé préno**ta**ré **ou**na **ka**méra in **oun** al**bèr**go]

Y a-t-il un hôtel à l'aéroport?
C'è un albergo all'aeroporto?
[**tchè oun** al**bèr**go all'aéro**por**to]

Où peut-on changer de l'argent?
Dove si possono cambiare i soldi?
[**do**vé si **po**ssono kamm**bia**ré i **sol**di]

Où sont les bureaux de…?
Dove si trova l'ufficio di…?
[**do**vé si **tro**va l'ou**ffit**cho di]

LES TRANSPORTS -
I MEZZI DI TRASPORTO

Les transports en commun - *I trasporti collettivi*

Autobus	*Autobus*	[**aou**tobous]
Car	*Pullman*	[**poul**man]
Métro	*Metropolitana*	[métropoli**ta**na]
Train	*Treno*	[**trè**no]
Air conditionné	*Aria condizionata*	[**a**ria konnditsio**na**ta]
Aller-retour	*Andata e ritorno*	[ann**da**ta e ri**tor**no]
Billet	*Biglietto*	[bi**lyie**tto]
Gare	*Stazione*	[stat**sio**né]
Place numérotée	*Posto numerato*	[**pos**to nou**mé**rato]
Siège réservé	*Posto prenotato*	[**pos**to pré**no**tato]

Terminal routier/gare routière
Terminal ou *Terminus* ou *Capolinea*
[**ter**minal] [**ter**minous] [kapo**li**néa]

Quai – Quai d'une gare
Binario ou *Marciapiede*
[bi**na**rio] [martcha**pié**dé]

Renseignements généraux

? Vidéo · *Video* · [**vi**déo]

Wagon-restaurant · *Vagone-ristorante* · [va**go**né risto**rann**té]

Où peut-on acheter les billets?
Dove si possono comprare i biglietti?
[**do**vé si **po**ssono komm**pra**ré i bi**lyie**tti]

Quel est le tarif pour…?
Qual'è la tariffa per…? ou *Qual'è il prezzo per…?*
[**koual è** la ta**ri**ffa **pér**] [**koual è** il **prè**tso **pér**]

Quel est l'horaire pour…?
Qual'è l'orario per…?
[**koual** è l'o**ra**rio **pér**]

Y a-t-il un tarif pour enfants?
C'è una tariffa speciale per i bambini?
[**tchè ou**na ta**ri**ffa spé**tcha**lé **pér** i bamm**bi**ni]

À quelle heure part le train pour…?
A che ora parte il treno per…?
[a **ké o**ra **par**té il **trè**no **pér**]

À quelle heure arrive le bus de…?
A che ora arriva l'autobus da…?
[a **ké o**ra a**rri**va l'**aou**tobous **da**]

Est-ce que le café est servi à bord?
A bordo, è servito il caffè?
[a **bor**do **è** sèr**vi**to il ka**ffè**]

Un repas léger est-il servi à bord?
A bordo, è servita una colazione?
[a **bor**do **è** sèr**vi**ta **ou**na kola**tsio**né]

Renseignements généraux

Le repas est-il inclus dans le prix du billet?
I pasti sono inclusi nel prezzo del biglietto?
[i **pas**ti **so**no inn**klou**zi **nel prèt**so **del** bi**lyie**tto]

De quel quai part le train pour…?
Da quale binario parte il treno per…?
[da **koua**lé bi**na**rio **par**té il **trè**no **pér**]

Où met-on les bagages?
Dove si mettono i bagagli?
[**do**vé si **mèt**tono i ba**ga**lyi]

Excusez-moi, vous occupez ma place.
Mi scusi, ma lei occupa il mio posto.
[mi **skou**zi ma **lèi o**kkoupa il **mi**o **pos**to]

À quelle gare sommes-nous?
In quale stazione siamo, qui?
[**inn koua**lé sta**tsio**né **sia**mo **koui**]

Est-ce que le train s'arrête à…?
Si ferma il treno a…?
[si **fer**ma il **trè**no a]

Métro - *Metropolitana*

Quelle est la station la plus proche?
Dove si trova la stazione della metropolitana più vicina?
[**do**vé si **tro**va la sta**tsio**né **dè**lla métropoli**ta**na **piou** vit**chi**na]

Combien coûte un trajet?
Quanto costa il percorso?
[**kouann**to **kos**ta il per**kor**so]

Y a-t-il des carnets de billets?
Ci sono dei blocchetti?
[**tchi so**no **déi** blo**kké**tti]

Y a-t-il des cartes pour la journée? pour la semaine?
Ci sono tessere per la giornata? settimanali?
[**tchi so**no **te**sséré **pér** la djor**na**ta? séttima**na**li]

Quelle direction faut-il prendre pour aller à…?
Qual'è la direzione per andare a…?
[**koual è** la dire**tsio**né **pér** ann**da**ré a]

Est-ce qu'il faut prendre une correspondance?
Si deve prendere una coincidenza?
[si **dé**vé **prenn**déré **ou**na koïnntchi**denn**tsa]

Avez-vous un plan du métro?
Ha una pianta della metropolitana?
[**a ou**na **piann**ta **de**lla métropoli**ta**na?

À quelle heure ferme le métro?
A che ora chiude la metropolitana?
[a **ké o**ra **kiou**dé la métropoli**ta**na]

La conduite automobile - *La guida dell'automobile*

Ici	*Qui*	[**koui**]
Là (où on se trouve)	*Là*	[**la**]
Là (là-bas)	*Laggiù*	[la**djou**]
Avancer	*Andare avanti*	[ann**da**ré a**vann**ti]
Reculer	*Fare marcia indietro*	[**fa**ré **mar**tcha inn**diè**tro]
Tout droit	*Dritto*	[**dri**tto]

L'autoroute à péage
L'autostrada a pedaggio
[l'aouto**stra**da a pé**da**djo]

Route non goudronnée
Strada non asfaltata
[**stra**da non asfal**ta**ta]

Rue piétonne
Strada pedonale ou *Via pedonale*
[**stra**da pédo**na**lé] [**vi**a pédo**na**lé]

À gauche	*A sinistra*	[a si**nis**tra]
À droite	*A destra*	[a **des**tra]
Feux de circulation	*Semafori*	[sé**ma**fori]
Feu rouge	*Il semaforo rosso*	[il sé**ma**foro **ro**sso]
Feu vert	*Il semaforo verde*	[il sé**ma**foro **ver**dé]
Feu orangé	*Il semaforo giallo*	[il sé**ma**foro **dja**llo]

Aux feux de circulation
Ai semafori
[**ai** sé**ma**fori]

Carrefour	*Incrocio* ou	[inn**kro**tcho]
	Intersezione	[inntèrsé**tsio**né]

Carrefour giratoire
Raccordo stradale circolare ou *Raccordo anullare*
[ra**kkor**do stra**da**lé tchirko**la**ré] [ra**kkor**do anou**lla**ré]

Sens unique	*Senso unico*	[**senn**so **ou**niko]
Sens interdit	*Senso vietato*	[**senn**so vié**ta**to]

La deuxième à droite	*La seconda a destra*	[la sé**konn**da a **dès**tra]
La première à gauche	*La prima a sinistra*	[la **pri**ma a si**nis**tra]

Renseignements généraux

Faites trois kilomètres.
Faccia tre chilometri. (on parle à une personne) ou
Fate tre chilometri. (on parle à plusieurs personnes)
[**fa**tcha **tré** ki**lo**mètri] [**faté tré** ki**lo**métri]

Location - *Noleggio*

Je voudrais louer une voiture.
Vorrei noleggiare un'automobile ou *una macchina.*
[vo**rrè**i nolé**dja**ré **oun** aouto**mo**bilé] ou [**ou**na **ma**kkina]

Vous avez des voitures à transmission automatique?
Ha automobili col cambio automatico?
[**a** aouto**mo**bili **kol kamm**bio aouto**ma**tiko]

Vous avez des voitures à embrayage manuel?
Ha automobili col cambio a mano?
[**a** aouto**mo**bili **kol kamm**bio a **ma**no]

Quel est le tarif pour une journée de location?
Quanto costa una giornata di noleggio?
[**kouannt**o **kos**ta **ou**na djor**na**ta di no**lé**djo]

Quel est le tarif pour une semaine?
Qual'è il prezzo per una settimana?
[koual**è** il **pre**tzo **pér ou**na sétti**ma**na]

Est-ce que le kilométrage est inclus?
È incluso il chilometraggio?
[**è** inn**klou**zo il kilomé**tra**djo]

Combien coûte l'assurance?
Quanto costa l'assicurazione?
[**kouann**to **kos**ta l'assikoura**tsio**né]

Y a-t-il une franchise collision?
C'è una franchigia incidenti?
[**tchè ou**na frann**ki**dja inntchi**dénn**ti]

J'ai une réservation.
Ho una prenotazione ou *Ho fatto una prenotazione.*
[**o ou**na prénota**tsio**né] [**o fa**tto **ou**na prénota**tsio**né]

J'ai un tarif confirmé par le siège social.
Ho un prezzo confermato dalla compagnia.
[**o oun prèt**so konn**fèr**ma**to da**lla kommpa**gni**a]

Mécanique - *Meccanica*

Antenne	*Antenna*	[ann**té**nna]
Antigel	*Antigelo*	[annti**djè**lo]
Avertisseur/klaxon	*Clacson* ou *Tromba*	[**klak**son] [**tromm**ba]
Boîte à gants	*Cassetto del cruscotto*	[ka**ssé**tto del krous**ko**tto]
Cassette	*Cassetta*	[ka**ssè**tta]
Chauffage	*Riscaldamento*	[riskalda**menn**to]
Clé	*Chiave*	[**kia**vé]
Clignotants	*Lampeggiatori* ou	[lammpédja**to**ri]
	Luci lampeggianti	[**lou**tchi lammpé**dja**nti]
Climatisation	*Aria condizionata*	[**a**ria konnditsio**na**ta]
Coffre	*Baule* ou *Portabagagli*	[ba**ou**lé] [portaba**ga**lyi]
Démarreur	*Motorino d'avviamento*	[moto**ri**no d'avvia**menn**to]
Diesel	*Diesel*	[**di**esel]
Eau	*Acqua*	[**ak**koua]
Embrayage	*Frizione*	[fri**tsio**né]
Essence	*Benzina*	[bénn**dzi**na]

Essence sans plomb	*Benzina senza piombo*	[bénn**dzi**na **senn**tsa **piomm**bo]
Essuie-glace	*Tergicristallo*	[terdjikristallo]
Filtre à huile	*Filtro dell'olio*	[**fil**tro dell'**o**lyio]
Frein à main	*Freno a mano*	[**fré**no a **ma**no]
Freins	*Freni*	[**fré**ni]
Fusibles	*Fusibili*	[fou**zi**bili]
Glaces électriques	*Finestrini elettrici*	[fines**tri**ni é**lè**ttritchi]
Huile	*Olio*	[**o**lyio]
Levier de changement de vitesse	*Leva del cambio*	[**lè**va del **kamm**bio]
Pare-brise	*Parabrezza*	[para**brè**dzza]
Pare-chocs	*Paraurti*	[para**our**ti]
Pédale	*Pedale*	[pé**da**lé]
Phare	*Fanale*	[fa**na**le]
Pneu	*Pneumatico*	[pnéou**ma**tiko]
Portière avant	*Portiera davanti*	[por**tié**ra da**vann**ti]
Portière arrière	*Portiera dietro*	[por**tié**ra **die**tro]
Radiateur	*Radiatore*	[radia**to**ré]
Radio	*Radio*	[**ra**dio]
Rétroviseur	*Retrovisore*	[rétrovi**zo**ré]
Serrure	*Serratura*	[sérra**tou**ra]
Siège	*Sedile*	[sé**di**lé]
Témoin lumineux	*Indicatore luminoso*	[inndika**to**ré loumi**no**zo]
Toit ouvrant	*Tetto apribile*	[**tè**tto a**pri**bilé]
Ventilateur	*Ventilatore*	[venntila**to**ré]
Volant	*Volante*	[vo**lann**té]

● ● ●

Acqua	Eau	[**ak**koua]

Italien	Français	Prononciation
Antenna	Antenne	[ann**té**nna]
Antigelo	Antigel	[annti**djè**lo]
Aria condizionata	Climatisation	[**a**ria konnditsio**na**ta]
Baule	Coffre	[bao**ulé**]
Benzina	Essence	[bénn**dzi**na]
Benzina senza piombo	Essence sans plomb	[bénn**dzi**na **senn**tsa **piomm**bo]
Cassetta	Cassette	[ka**ssè**tta]
Cassetto del cruscotto	Boîte à gants	[ka**ssé**tto del krous**ko**tto]
Chiave	Clé	[**kia**vé]
Clacson	Avertisseur/klaxon	[**klak**son]
Diesel	Diesel	[**dié**sel]
Fanale	Phare	[fa**na**le]
Filtro dell'olio	Filtre à huile	[**fil**tro dell'**o**lyio]
Finestrini elettrici	Glaces électriques	[fines**tri**ni é**lè**ttritchi]
Freni	Freins	[**fré**ni]
Freno a mano	Frein à main	[**fré**no a **ma**no]
Frizione	Embrayage	[fri**tsio**né]
Fusibili	Fusibles	[fou**zi**bili]
Indicatore luminoso	Témoin lumineux	[inndika**to**ré loumi**no**zo]
Lampeggiatori	Clignotants	[lammpédja**to**ri]
Leva del cambio	Levier de changement de vitesse	[**lè**va del **kamm**bio]
Luci lampeggianti	Clignotants	[**lou**tchi lammpé**djan**ti]
Motorino d'avviamento	Démarreur	[moto**ri**no d'avvia**menn**to]
Olio	Huile	[**o**lyio]
Parabrezza	Pare-brise	[para**brè**dzza]
Paraurti	Pare-chocs	[para**our**ti]
Pedale	Pédale	[pé**da**lé]
Pneumatico	Pneu	[pnéou**ma**tiko]
Portiera davanti	Portière avant	[por**tiè**ra da**vann**ti]

73

Renseignements généraux

Portiera dietro	Portière arrière	[por**tiè**ra **dié**tro]
Radiatore	Radiateur	[radia**to**ré]
Radio	Radio	[**ra**dio]
Retrovisore	Rétroviseur	[rétrovi**zo**ré]
Riscaldamento	Chauffage	[riskalda**menn**to]
Sedile	Siège	[sé**di**lé]
Serratura	Serrure	[sérra**tou**ra]
Tergicristallo	Essuie-glace	[terdjikris**tal**lo]
Tetto apribile	Toit ouvrant	[**tèt**to a**pri**bilé]
Tromba	Avertisseur/klaxon	[**tromm**ba]
Ventilatore	Ventilateur	[venntila**to**ré]
Volante	Volant	[vo**lann**té]

Faire le plein – *Fare il pieno*

Le plein, s'il vous plaît.
Il pieno per favore.
[il **pié**no **pér** fa**vo**ré]

J'en voudrais pour trente euros.
Ne vorrei per trenta euros.
[**né** vo**rrè**i **pér** **trenn**ta **eou**ro]

Pouvez-vous vérifier la pression des pneus?
Potrebbe verificare la pressione dei pneumatici, per piacere?
[po**tré**bbé vérifi**ka**ré la pré**ssio**né **dè**i pnéou**ma**titchi **pér** pia**ché**ré]

Acceptez-vous les cartes de crédit?
Accetta le carte di credito?
[a**tché**tta lé **kar**té di **kré**dito]

Renseignements généraux

SANTÉ - *SALUTE*

Hôpital	*Ospedale*	[ospé**da**lé]
Pharmacie	*Farmacia*	[farma**tchi**a]
Médecin	*Medico*	[**mè**diko]
Dentiste	*Dentista*	[**dénn**tista]

J'ai mal...	*Mi fa male...*	[mi fa ma**lé**]
à l'abdomen	*l'addome*	[l'a**ddo**mé]
au dos	*il dorso* ou *La schiena*	[il **dor**so] [la **skié**na]
à l'estomac	*lo stomaco*	[lo **sto**mako]
à la gorge	*la gola*	[la **go**la]
au pied	*il piede*	[il **piè**dé]
à la tête	*la testa*	[la **tes**ta]
au ventre	*il ventre*	[il **venn**tré]

J'ai mal aux dents.	*Mi fanno male i denti.*	[mi **fa**nno **ma**lé i **denn**ti]
Je suis constipé.	*Sono costipato.*	[**so**no kosti**pa**to]
J'ai la diarrhée.	*Ho la diarrea.*	[**o** la diar**ré**a]
Je fais de la fièvre.	*Ho la febbre.*	[**o** la **fé**bbré]

Mon enfant fait de la fièvre.
Il mio bambino ha la febbre.
[il **my**o bamm**bi**no **a** la **fé**bbré]

| J'ai le rhume. | *Ho preso il raffreddore.* | [**o prè**zo il raffré**ddo**ré] |
| J'ai la grippe. | *Ho preso l'influenza.* | [**o prè**zo l'innflou**ènn**tsa] |

Je voudrais renouveler cette ordonnance.
Vorrei rinnovare questa prescrizione ou *ricetta.*
[vo**rrè**i rinno**va**ré **koues**ta prescrit**sio**né] [rit**ché**tta]

Renseignements généraux

?

Avez-vous des médicaments contre le mal de tête?
Ha una medicina per il mal di testa?
[**a ou**na médi**tchi**na **pér** il **mal** di **tès**ta]

Avez-vous des médicaments contre la grippe?
Ha una medicina per l'influenza?
[**a ou**na médi**tchi**na **pér** l'innflou**ennt**sta]

Je voudrais…   *Vorrei…*   [vorr**èi**]
des préservatifs   *dei preservativi*   [**déi** préserva**ti**vi]

de la crème solaire
una crema per il sole ou *una crema solare*
[**ou**na **crè**ma **pér** i il **so**lé] [**ou**na **crè**ma sola**ré**]

un insectifuge
un insettifugo ou *un repellente*
[**oun** insètti**fou**go] [**oun** répé**llenn**té]

un collyre   *un collirio*   [**oun** ko**lli**rio]

du baume (une pommade) pour les piqûres d'insecte
un balsamo ou *un unguento per le punture d'insetto*
[**oun bal**zamo] [**oun** oun**gouenn**to **pér** lé poun**tou**ré d'inn**sè**tto]

un médicament contre la grippe
una medicina contro l'influenza
[**ou**na médi**tchi**na **konn**tro l'innflou**en**tsa]

une solution nettoyante pour verres de contact souples (rigides)
un prodotto per pulire le lenti a contatto flessibili (rigide)
[**oun** pro**do**tto **pér** pou**li**ré **lé lenn**ti a konn**ta**tto flé**ssi**bili] [**ri**djidé]

Renseignements généraux

URGENCES –
PRONTO SOCCORSO/SERVIZIO DI URGENZA/SERVIZIO DI EMERGENZA

Au feu!   *Al fuoco!*   [al **fouo**ko]

Au secours!   *Aiuto!*   [a**iou**to]

Au voleur!   *Al ladro!*   [al **la**dro]

On m'a agressé(e).
Mi hanno aggredito/ta.
[mi **ha**nno aggré**di**to/ta]

On m'a volé(e)!
Mi hanno rubato/ta ou *Mi hanno derubato/ta!*
[mi **ha**nno rou**ba**to/ta] [mi **ha**nno dérou**ba**to/ta]

Pouvez-vous appeler la police? l'ambulance?
Può chiamare la polizia? L'ambulanza?
[**Pouo** kia**ma**ré la poli**tsi**a] [l'ammbou**lannt**sa]

Où est l'hôpital?
Dove si trova l'ospedale? ou *Dov'è l'ospedale?*
[**do**vé si **tro**va l'ospé**da**lé] [dov'**è l**'ospé**da**lé]

Pouvez-vous me conduire à l'hôpital?
Mi potrebbe portare all'ospedale, per cortesia?
[**mi** po**tré**bbé por**ta**ré all'ospé**da**lé **pér** kor**té**zia]

On a volé nos bagages dans la voiture.
Ci hanno rubato i bagagli nell'automobile.
[**tchi a**nno rou**ba**to i ba**ga**lyi **nell** aouto**mo**bilé]

Renseignements généraux

On a volé mon portefeuille.
Mi hanno rubato il portafoglio.
[**mi a**nno rou**ba**to il porta**fo**lyio]

Ils avaient une arme.
Erano armati.
[**è**rano ar**ma**ti]

Ils avaient un couteau.
Avevano un coltello.
[a**vè**vano **oun** kol**tè**llo]

L'ARGENT - *I SOLDI*

Banque   *Banca*   [**bann**ka]

Bureau de change
Ufficio cambio
[ou**ffit**cho **kamm**bio]

Quel est le taux de change pour le dollar canadien?
Qual'è il tasso di cambio per il dollaro canadese?
[**koual'è** il **ta**sso di **kamm**bio **per** il **do**llaro kana**dé**ze]

Euro	*Euro*	[**é**ouro]
Dollar américain	*Dollaro americano*	[**do**llaro amé**ri**ka**no]
Dollar canadien	*Dollaro canadese*	[**do**llaro kana**dé**zé]
Franc suisse	*Franco svizzero*	[**frann**ko **zvi**tsèro]

Je voudrais changer des dollars américains/des dollars canadiens.
Vorrei cambiare dei dollari americani/dei dollari canadesi.
[vo**rrè**i kamm**bia**ré **déi do**llari amé**ri**ka**ni] [**déi do**llari kana**dé**zi]

Je voudrais encaisser des chèques de voyage.
Vorrei cambiare dei travellers' chèque.
[vo**rrè**i kamm**bia**ré **déi tra**velleurs **tchek**]

Je voudrais obtenir une avance de fonds sur ma carte de crédit.
Vorrei un anticipo sulla mia carta di credito.
[vo**rrè**i **oun** ann**ti**tchipo **sou**lla **mi**a **kar**ta di **kré**dito]

Où peut-on trouver un guichet automatique (un distributeur de billets)?
Dove si può trovare uno sportello automatico ou
una biglietteria automatica?
[**do**vé si pou**o** tro**va**ré **ou**no spor**tè**llo aouto**ma**tiko]
[**ou**na bilyiètté**ri**a aouto**ma**tika]

Est-ce que vous acceptez les cartes de crédit?
Accetta le carte di credito?
[a**tché**tta lé **kar**té di **kré**dito]

POSTE ET TÉLÉPHONE - *POSTA E TELEFONO*

Courrier rapide	*Posta prioritaria*	[**pos**ta priori**ta**ria]
Par avion	*Via aerea*	[**via** a**é**réa]
Poids	*Peso*	[**pé**zo]
Timbres	*Francobolli*	[frannko**bol**li]

Où se trouve le bureau de poste?
Dove si trova la posta?
[**Do**vé si **tro**va la **pos**ta]

Renseignements généraux

?

Combien coûte l'affranchissement d'une carte postale pour le Canada? pour la France?
Quanto costa mandare ou *inviare una cartolina in Canada? in Francia?*
[**kouann**to **kos**ta mann**da**ré] [inn**via**ré **ou**na kartol**i**na **inn** kana**da**/**inn frann**tcha]

Combien coûte l'affranchissement d'une lettre pour le Canada? pour la France?
Quanto costa mandare una lettera in Canada? in Francia?
[**kouann**to **kos**ta mann**da**ré **ou**na **lè**ttera **inn** Kana**da**/**inn frann**tcha]

Où se trouve le bureau des téléphones?
Dove si trova l'ufficio del telefono?
[**do**vé si **tro**va l'ou**ffi**tcho **del** té**lé**fono]

Où se trouve la cabine téléphonique la plus près?
Dove si trova la cabina telefonica più vicina? ou *Dov'è un telefono?*
[**do**vé si **tro**va la ka**bi**na télé**fo**nika **piou** vi**tchi**na] [**do**v'è **oun** té**lé**fono]

Que faut-il faire pour un appel local?
Cosa si deve fare per una telefonata locale?
[**ko**sa si **dé**vé **fa**ré **pér ou**na télé**fo**nata lo**ka**lé]

Que faut-il faire pour appeler au Canada? en France?
Cosa si deve fare per telefonare in Canada? in Francia?
[**ko**sa si **dé**vé **fa**ré **pér** télé**fo**naré **inn** kana**da**/**inn frann**tcha]

Je voudrais acheter une carte de téléphone.
Vorrei comprare una scheda telefonica ou *una carta telefonica.*
[vo**rre**i komm**pra**ré **ou**na **skè**da télé**fo**nika] [**ou**na **kar**ta télé**fo**nika]

Renseignements généraux

J'aimerais avoir de la monnaie pour téléphoner.
Per favore, vorrei degli spiccioli ou *della moneta per telefonare.*
[**Pér** fa**vo**ré vor**rèi dé**lyi **spi**tcholi (**dé**lla mo**nè**ta) **pér** té**léfo**nare]

Comment les appels sont-ils facturés à l'hôtel?
Dall'albergo, come sono fatturate le telefonate?
[**dall** al**bèr**go **ko**mé **so**no fattou**ra**té lé téléfo**na**té]

J'appelle Canada Direct, c'est un appel sans frais.
Chiamo Canada Direct, è una telefonata senza spese.
[**kia**mo kana**da** di**rect** è **ou**na téléfo**na**ta **senn**za **spé**zé]

Je voudrais envoyer un fax.
Vorrei mandare un fax .
[**vo**rrei mann**da**ré **oun fax**]

Avez-vous reçu un fax pour moi?
Ha ricevuto un fax per me?
[**a** ritché**vou**to **oun fax pér mé**]

ÉLECTRICITÉ – *ELETTRICITÀ*

Où puis-je brancher mon rasoir?
Dove posso inserire la spina del mio rasoio?
[**do**ve **po**sso inn**sé**ri**ré** la **spi**na del **mi**o ra**zo**yo]

L'alimentation est-elle de 220 volts?
È il voltaggio a duecentoventi volt?
[**è** il vol**ta**ddjo a doue**tchenn**to**venn**ti **volt**]

La lampe ne fonctionne pas.
La lampada non funziona.
[la **lamm**pada **nonn** foun**tsio**na]

Renseignements généraux

Où puis-je trouver des piles pour mon réveille-matin?
Dove posso trovare delle batterie per la mia sveglia?
[**do**vé **po**sso tro**va**ré **dé**llé batté**ri**é **pér** la **mi**a z**vé**lya]

Est-ce que je peux brancher mon ordinateur ici?
Posso inserire il mio computer qui?
[**po**sso innsé**ri**ré il **mi**o kom**piou**ter **kou**i]

Y a-t-il une prise téléphonique pour mon ordinateur?
C'è una presa telefonica per il mio computer?
[**tchè ou**na **pré**za télé**fo**nika **pér** il **mi**o kom**piou**ter]

MÉTÉO – *METEOROLOGIA*

La pluie	*La pioggia*	[la **pio**ddja]
Le soleil	*Il sole*	[il **so**lé]
Le vent	*Il vento*	[il **venn**to]
La neige	*La neve*	[la **né**vé]
Il fait chaud.	*Fa caldo.*	[**fa kal**do]
Il fait froid.	*Fa freddo.*	[**fa fré**ddo]
Ensoleillé	*Soleggiato*	[solé**ddja**to]
Nuageux	*Nuvoloso*	[nouvo**lo**zo]
Pluvieux	*Piovoso*	[pio**vo**zo]
Est-ce qu'il pleut?	*Piove?*	[**pio**vé]
Va-t-il pleuvoir?	*Pioverà?*	[piové**ra**]

Prévoit-on de la pluie?
Hanno previsto ou *Prevedono la pioggia?*
[**a**nno pré**vis**to] [pré**vé**dono la **pio**ddja]

Quel temps fera-t-il aujourd'hui?
Che tempo farà oggi?
[**ké temm**po fa**ra od**ji]

Comme il fait beau!
Che bel tempo!
[**ké bel temm**po]

Quel mauvais temps!
Che brutto tempo!
[**ké brou**tto **temm**po]

FÊTES ET FESTIVALS – *FESTE E FESTIVAL*

15 août	*Ferragosto*	[férra**gos**to]
1er novembre	*Ognissanti*	[onii**ssann**ti]
2 novembre	*Festa dei morti*	[**fes**ta **dèi mor**ti]

4 novembre
Commemorazione dei caduti (della guerra)
[kommémora**tsio**né **dèi** ka**dou**ti **dè**lla **goue**rra]

Carnaval	*Carnevale*	[karné**va**lé]
Fête des Mères	*Festa della Mamma*	[**fes**ta **dè**lla **ma**mma]
Fête nationale **	*Festa della Repubblica*	[**fes**ta **dè**lla ré**pou**bblika]
Fête des Pères *	*Festa del Papà*	[**fes**ta **del** pa**pa**]
Fête du Travail	*Festa del lavoro*	[**fès**ta **del** la**vo**ro]
Noël	*Natale*	[na**ta**lé]
Jeudi gras	*Giovedì grasso*	[djové**di gra**sso]
Jour de l'An	*Capodanno*	[kapo**da**nno]
Jour des Rois	*Epifania* ou *Befana*	[épifa**ni**a] [**bé**fana]
Mardi gras	*Martedì grasso*	[marté**di gra**sso]

Renseignements généraux

Mercredi des Cendres	*Ceneri*	[**tché**néri]
Semaine sainte	*Settimana santa*	[sétti**ma**na **sann**ta]
Pâques	*Pasqua*	[**pas**koua]
Vendredi saint	*Venerdì Santo*	[véner**di sann**to]

Befana	Jour des Rois	[bé**fa**na]
Capodanno	Jour de l'An	[kapo**dan**no]
Carnevale	Carnaval	[karné**va**lé]
Ceneri	Mercredi des Cendres	[**tché**néri]
Commemorazione dei caduti (della guerra)		
4 novembre		
[kommemora**tsio**né **dèi** ka**dou**ti **dèl**la **goue**rra]		

Epifania	Jour des Rois	[épifa**ni**a]
Ferragosto	15 août	[férra**gos**to]
Festa dei morti	2 novembre	[**fes**ta **dèi mor**ti]
Festa del lavoro	Fête du Travail	[**fès**ta **del** la**vo**ro]
Festa del Papà *	Fête des Pères	[**fes**ta **del** papa]
Festa della Mamma	Fête des Mères	[**fes**ta **dèl**la **ma**mma]

Festa della Repubblica **
Fête nationale
[**fes**ta **dèl**la ré**pou**bblika]

Giovedì grasso	Jeudi gras	[djové**di gra**sso]
Martedì grasso	Mardi gras	[marté**di gra**sso]
Natale	Noël	[na**ta**lé]
Ognissanti	1er novembre	[onii**ssann**ti]
Pasqua	Pâques	[**pas**koua]

Settimana santa	Semaine sainte	[sétti**ma**na **sann**ta]
Venerdì Santo	Vendredi saint	[véner**di sann**to]

* La fête des Pères a toujours lieu le 19 mars en Italie, jour de la Saint-Joseph.

** La fête nationale italienne se déroule le 2 juin.

ATTRAITS TOURISTIQUES – *ATTRAZIONI TURISTICHE*

Le campanile	*Il campanile*	[il kammpa**nil**é]
La cascade	*La cascata*	[la kas**ka**ta]
La cathédrale	*La cattedrale*	[la katté**dra**lé]
Le centre-ville	*Centro città*	[t**chenn**tro chi**ttà**]
Le centre historique	*Il centro storico*	[il **tchenn**tro **sto**riko]
Le château	*Il castello*	[il kas**tèl**lo]
La chute	*La cascata* ou *la cascata d'acqua*	[la kas**ka**ta] [la kas**ka**ta d'**a**koua]
L'édifice	*L'edificio*	[l'édi**fi**tcho]
L'église	*La chiesa*	[la **kiè**za]
Le funiculaire	*La funicolare*	[la founiko**la**ré]
La forteresse	*La fortezza*	[la for**tè**tsa]
L'hôtel de ville	*Il municìpio* ou *Il comune*	[il mouni**tchi**pio] [il ko**mou**né]
La fontaine	*La fontana*	[la fon**ta**na]
Le fort	*Il forte*	[il **for**té]
La maison	*La casa*	[la **k**aza]
Le manoir	*Il maniero*	[il ma**gnè**ro]
Le marché	*Il mercato*	[il mer**ka**to]
La marina	*Il porticciolo*	[il porti**ttcho**lo]
La mer	*Il mare*	[il **ma**ré]
Le monastère	*Il monastero*	[il monas**té**ro]
La montagne	*La montagna*	[la monn**ta**gna]
Le monument	*Il monumento*	[il monou**menn**to]
Le musée	*Il museo*	[il mou**zé**o]
Le palais	*Il palazzo*	[il pa**la**tso]
Le palais de justice	*Il palazzo di giustizia*	[il pa**la**tso di djous**ti**tsia]

Le parc	Il parco	[il **par**ko]
Le parc d'attractions	Il parco dei divertimenti ou Luna park	[il **par**ko **dé**i diverti**menn**ti] [**lou**na **park**]
La piscine	La piscina	[la pi**chi**na]
La place centrale	La piazza centrale	[la **pia**tsza tchenn**tra**lé]
La plage	La spiaggia	[la **spia**dja]
Le pont	Il ponte	[il **ponn**té]
Le port	Il porto	[il **por**to]
La promenade	La passeggiata	[la passé**dja**ta]
La rivière	Il fiume	[il **fiou**mé]
Les ruines	Le rovine	[lé ro**vi**né]
Le site archéologique	Il sito archeologico	[il **si**to arkéo**lo**djiko]
Le stade	Lo stadio	[lo **sta**dio]
La statue	La statua	[la **sta**toua]
Le téléférique	la teleferica	[la télé**fé**rika]
Le temple	Il tempio	[il **temm**pio]
Le théâtre	Il teatro	[il **té**atro]
La tour	La torre	[la **to**rré]
Le tunnel	La galleria	[la gallé**ri**a]
Le vieux port	Il vecchio porto	[il **vè**kkio **por**to]
Le zoo	Lo zoo	[lo **dzo**o]

❖ ❖ ❖

Il campanile	Le campanile	[il kammpa**ni**lé]
La casa	La maison	[la **k**aza]
La cascata	La cascade	[la kas**ka**ta]
La cascata d'acqua	La chute	[la kas**ka**ta d'**a**koua]
Il castello	Le château	[il kas**tè**llo]
La cattedrale	La cathédrale	[la katté**dra**lé]
Il centro storico	Le centre historique	[il **tchenn**tro **sto**riko]

Attraits touristiques

88

La chiesa	L'église	[la **kiè**za]
Centro città	Le centre-ville	[t**chenn**tro chi**ttà**]
Il comune	L'hôtel de ville	[il ko**mou**né]
L'edificio	L'édifice	[l'édi**fi**tcho]
Il fiume	La rivière	[il **fiou**mé]
La fontana	La fontaine	[la fon**ta**na]
Il forte	Le fort	[il **for**té]
La fortezza	La forteresse	[la for**tè**ttsa]
La funicolare	Le funiculaire	[la founiko**la**ré]
La galleria	Le tunnel	[la gallé**ri**a]
Il maniero	Le manoir	[il ma**gnè**ro]
Il mare	La mer	[il **ma**ré]
Il mercato	Le marché	[il mer**ka**to]
Il monastero	Le monastère	[il monas**té**ro]
La montagna	La montagne	[la monn**ta**gna]
Il monumento	Le monument	[il monou**menn**to]
Il municipio	L'hôtel de ville	[il mouni**tchi**pio]
Il museo	Le musée	[il mou**zé**o]
Il palazzo	Le palais	[il pa**lat**so]
Il palazzo di giustizia	Le palais de justice	[il pa**lat**so di djous**ti**tsia]
Il parco	Le parc	[il **par**ko]
Il parco dei divertimenti	Le parc d'attractions	[il **par**ko di diverti**menn**ti]
La passeggiata	La promenade	[la passé**dja**ta]
La piazza centrale	La place centrale	[la **pia**tsza tchenn**tra**lé]
La piscina	La piscine	[la pi**chi**na]
Il ponte	Le pont	[il **ponn**té]
Il porticciolo	La marina	[il porti**ttcho**lo]
Il porto	Le port	[il **por**to]
Il vecchio porto	Le vieux port	[il **vèk**kio **por**to]
Il sito archeologico	Le site archéologique	[il **si**to arkéo**lo**djiko]

Attraits touristiques

La spiaggia	La plage	[la **spia**dja]
Lo stadio	Le stade	[lo **sta**dio]
La statua	La statue	[la **sta**toua]
Il teatro	Le théâtre	[il té**a**tro]
La teleferica	Le téléférique	[la télé**fé**rika]
Il tempio	Le temple	[il **temm**pio]
La torre	La tour	[la **to**rré]
Lo zoo	Le zoo	[lo **dzo**o]

AU MUSÉE - *AL MUSEO*

Anthropologie	*Antropologia*	[anntropolo**dji**a]
Antiquités	*Antichità*	[anntiki**tà**]
Archéologie	*Archeologia*	[arkéolo**dji**a]
Architecture	*Architettura*	[arkité**ttou**ra]
Art bizantin	*Arte bizantina*	[**ar**té bizann**ti**na]
Art baroque	*Arte barocca*	[**ar**té ba**ro**kka]
Art contemporain	*Arte contemporanea*	[**ar**té konntémmpo**ra**néa]
Art déco	*Arte deco*	[**ar**té **dé**ko]
Art étrusque	*Arte etrusca*	[**ar**té é**trous**ka]
Art gréco-romain	*Arte greco-romana*	[**ar**té **grè**ko ro**ma**na]
Art moderne	*Arte moderna*	[**ar**té mo**dèr**na]
Art nouveau	*Nuova Arte*	[**nouo**va **ar**té]
Arts décoratifs	*Arti decorative*	[**ar**ti dekora**ti**vé]
Collection permanente	*Collezioni permanenti*	[kollé**tsio**ni perma**nenn**ti]
École espagnole	*Scuola spagnola*	[**skuo**la spa**nio**la]
École flamande	*Scuola fiamminga*	[**skuo**la fia**mminn**ga]
École florentine	*Scuola toscana*	[**skuo**la tos**ka**na]
École vénitienne	*Scuola veneta*	[**skuo**la vé**nè**ta]
Exposition temporaire	*Mostra temporanea*	[**most**ra temmpo**ra**néa]

Attraits touristiques

Impressionnistes	*Impressionisti*	[innpréssio**nis**ti]
Maniérisme	*Manierismo*	[magné**ris**mo]
Moyen Âge	*Medioevo*	[médio**è**vo]
Peinture	*Pittura*	[pi**ttou**ra]
Primitifs italiens	*Primitivi italiani*	[primi**ti**vi ita**lia**ni]
Renaissance	*Rinascimento*	[rinachi**ménn**to]
Sciences naturelles	*Scienze naturali*	[**chènn**tsé natou**ra**li]
Sculpture	*Scultura*	[skoul**tou**ra]
Urbanisme	*Urbanistica*	[ourba**nist**ika]
XVe siècle	*Quattrocento* *	[kouattro**tcenn**to]
XVIe siècle	*Cinquecento* *	[tchinnkoué**tcenn**to]
XXe siècle	*Novecento* *	[nové**tchenn**to]

◆◆◆

Antichità	Antiquités	[anntiki**tà**]
Antropologia	Anthropologie	[anntropolo**dji**a]
Archeologia	Archéologie	[arkéolo**dji**a]
Architettura	Architecture	[arkité**ttou**ra]
Arte barocca	Art baroque	[**ar**té ba**ro**kka]
Arte bizantina	Art bizantin	[**ar**té bizann**ti**na]
Arte contemporanea	Art contemporain	[**ar**té konntémmpo**ra**néa]
Arte deco	Art déco	[**ar**té **dé**ko]
Arte etrusca	Art étrusque	[**ar**té é**trous**ka]
Arte greco-romana	Art gréco-romain	[**ar**té **grè**ko ro**ma**na]
Arte moderna	Art moderne	[**ar**té mo**dèr**na]
Arti decorative	Arts décoratifs	[**ar**ti dekora**ti**vé]
Cinquecento *	XVIe siècle	[tchinnkoué**tcenn**to]
Collezioni permanenti	Collection permanente	[kollé**tsio**ni perma**nenn**ti]
Impressionisti	Impressionnistes	[innpréssio**nis**ti]
Manierismo	Maniérisme	[magné**ris**mo]

Attraits touristiques

Medioevo	Moyen Âge	[médioèvo]
Mostra temporanea	Exposition temporaire	[**mostra** temmpo**ra**néa]
Novecento *	XXᵉ siècle	[nové**tchennn**to]
Nuova Arte	Art nouveau	[**nouo**va **ar**té]
Pittura	Peinture	[pi**ttou**ra]
Primitivi italiani	Primitifs italiens	[primi**ti**vi ita**lia**ni]
Quattrocento *	XVᵉ siècle	[kouattro**tcennn**to]
Rinascimento	Renaissance	[rinachi**ménn**to]
Scienze naturali	Sciences naturelles	[**chènn**tsé natou**ra**li]
Scultura	Sculpture	[skoul**tou**ra]
Scuola fiamminga	École flamande	[**skouo**la fiam**minn**ga]
Scuola spagnola	École espagnole	[**skouo**la spa**nio**la]
Scuola toscana	École florentine	[**skouo**la tos**ka**na]
Scuola veneta	École vénitienne	[**skouo**la vé**nè**ta]
Urbanistica	Urbanisme	[ourba**nist**ika]

*En italien, pour nommer les siècles entre le XIIIᵉ et le XXᵉ siècle, on utilise **la centaine en cours**. Par exemple, le XIIIᵉ siècle se dit *Duecento* [doué**tchènn**to], soit les années 1200 à 1299; le XVᵉ siècle, *Quattrocento* [quattro**tchènn**to], soit les années 1400 à 1499; le XXᵉ siècle, *novecento* [nové**tchennn**to] soit les années 1900 à 1999. L'appellation par le siècle, comme *secolo ventesimo* [**sè**colo ven**tè**simo] pour le XXᵉ siècle, est moins usitée. À partir du XXIᵉ siècle cependant, on y est revenu. On dira donc: *secolo ventunesimo* [**sè**colo ventu**nè**simo].

Où se trouve le centre-ville?
Dove si trova il centro città?
[**Do**vé si **tro**va il **tchennn**tro tchi**tta**]

Où se trouve la vieille ville?
Dove si trova il centro storico?
[**do**vé si **tro**va il **tchennn**tro **sto**riko]

Peut-on marcher jusque-là?
Si può camminare fino là?
[Si **pouo** kammi**na**ré **fi**no **là**]

Quel est le meilleur chemin pour se rendre à...?
Qual'è la miglior strada per andare a...?
[**koual è** la mi**lyor stra**da **pér** ann**da**ré a]

Quelle est la meilleure façon de se rendre à...?
Qual'è il modo più comodo per andare a...?
[**koual è** il **mo**do **piou ko**modo **pér** ann**da**ré a]

Combien de temps faut-il pour se rendre à...?
Quanto tempo ci vuole per andare a...?
[**kouann**to **temm**po **tchi vouo**lé **pér** ann**da**ré a]

Où prend-on le bus pour le centre-ville?
Dove si prende l'autobus per il centro città?
[**do**vé si **prenn**dé l'**aou**tobous **pér** il **tchenn**tro tchi**tta**]

Y a-t-il une station de métro près d'ici?
C'è una stazione della metropolitana qui vicino?
[**tchè ou**na sta**tsio**né **dè**lla métropoli**ta**na **koui** vi**tchi**no]

Peut-on aller à... en métro (en bus)?
Si può andare fino a... colla metropolitana (coll'autobus)?
[si **pouo** ann**da**ré **fi**no a... **ko**lla métropoli**ta**na (**koll aou**tobous)]

Avez-vous un plan de la ville?
Ha una pianta della città?
[**a ou**na **piann**ta **dè**lla tchi**tta**]

Je voudrais un plan avec index.
Desidererei una pianta con un indice.
[désidérè**rè**i **ou**na **piann**ta **konn oun inn**ditché]

Combien coûte l'entrée?
Quanto costa l'ingresso?
[**kouann**to **kos**ta l'inn**grè**sso]

Y a-t-il un tarif étudiant?
C'è una tariffa per gli studenti?
[**tchè ou**na ta**ri**ffa **per lyi** stou**dènn**ti]

Les enfants doivent-ils payer?
Devono pagare i bambini?
[**dè**vono pa**ga**ré i bamm**bi**ni]

Quel est l'horaire du musée?
Qual'è l'orario del museo?
[**koual è** l'o**ra**rio **del** mou**zé**o]

Avez-vous de la documentation sur le musée?
Ha una documentazione del museo?
[**a ou**na dokouménnta**tsio**né **del** mou**zé**o]

Est-il permis de prendre des photos?
È permesso fare fotografie? ou
È permesso fotografare ou
Si possono prendere fotografie?
[**è** per**mé**sso **fa**ré fotogra**fi**é]
[**è** per**mé**sso fotogra**fa**ré]
[si **po**ssono **prenn**déré fotogra**fi**é]

Où se trouve le vestiaire?
Dove si trova il guardaroba?
[**do**vé si **tro**va il gouarda**ro**ba]

Y a-t-il un café?
C'è un caffè?
[**tchè oun** ka**ffè**]

Où se trouve le tableau de…?
Dove si trova il dipinto (ou il quadro di…?
[**do**vé si **tro**va il di**pinn**to (ou) il **koua**dro **di**]

À quelle heure ferme le musée?
A che ora si chiude il museo?
[a **ké o**ra si **kiou**de il mou**zé**o]

ACTIVITÉS DE PLEIN AIR – *ATTIVITÀ ALL'APERTO*

Où peut-on pratiquer…?
Dove si può praticare…?
[**do**vé si **pouo** prati**ka**ré]

Activités – *Attività*

L'équitation	*L'equitazione*	[l'ékouita**tsio**né]
L'escalade	*La scalata*	[la ska**la**ta]
	ou *L'arrampicata*	[l'arrammpi**ka**ta]
Le badminton	*Il badminton*	[il **bad**minnntonn]
Le golf	*Il golf*	[il **golf**]
La moto	*La moto*	[la **mo**to]
La motomarine	*La moto d'acqua*	[la **mo**to d'**a**koua]
La natation	*Il nuoto*	[il **nouo**to]
Le parachutisme	*Il paracadutismo*	[il parakadou**tis**mo]
La pêche	*La pesca*	[la **pe**ska]
La pêche sportive	*La pesca sportiva*	[la **pe**ska spor**ti**va]
La planche à voile	*Il windsurf*	[il **ouind**seurf]
	ou *La tavola a vela*	[la **ta**vola a **vé**la]
La plongée sous-marine	*Lo sport subacqueo*	[lo **sport** sou**ba**kouéo]

La plongée-tuba
Il nuoto subacqueo con respiratore
[il **nouo**to sou**ba**kouéo **konn** respira**to**ré]

Le plongeon	*Il tuffo*	[il **tou**ffo]

◆ La randonnée pédestre
La gita pedestre ou *La corsa pedestre*
[la **dji**ta pé**dès**tré] [la **kor**sa pé**dès**tré]

Le ski alpin	*Lo sci alpino*	[lo **chi** al**pi**no]
Le ski de fond	*Lo sci di fondo*	[lo **chi** di **fonn**do]
Le surf	*Il surf*	[il **seurf**]
Le tennis	*Il tennis*	[il **té**nnis]
Le vélo	*La bicicletta*	[la bitchi**clé**tta]

Le vélo de montagne/vélo tout-terrain
Il mountain biking ou *La bici da montagna*
[il **maounn**ten **baï**king] [la **bi**tchi da monn**ta**gna]

Le volley-ball	*La pallovolo*	[la pallo**vo**lo]
La voile	*La vela*	[la **vé**la]

Matériel - *Materiale*

La balle	*La palla*	[la **pa**lla]
Le ballon	*Il pallone*	[il pa**llo**né]
Le bateau	*La barca*	[la **bar**ka]
Les bâtons de ski	*I bastoni da sci* ou *Le racchette*	[i bas**to**ni da **chi**] [lé ra**kké**tté]
Les bâtons de golf	*I bastoni da golf*	[i bas**to**ni da **golf**]
La bicyclette	*La bicicletta*	[la bitchi**clé**tta]
La bonbonne d'oxygène	*La bombola d'ossigeno*	[la **bom**bola d'o**ssi**djéno]
Les chaussures de ski	*Gli scarponi*	[**lyi** skar**po**ni]

Activités de plein air

Les chaussures de marche
Gli scarponcini da marcia
[**lyi** skarponn**tchi**ni da **mar**cha]

La cabine	*La cabina*	[la ka**bi**na]
La canne à pêche	*La canna da pesca*	[la **ka**nna da **pes**ka]
La chaise longue	*La sedia sdraio*	[la **sé**dia **zdra**yo]
Le filet	*La rete*	[la **ré**té]

Le masque de plongée
Gli occhiali ou *La maschera subacquea*
[**lyi** o**kkia**li] [la **mas**kéra sou**ba**kouéa]

Le matelas pneumatique
Il materasso pneumatico
[il maté**ra**sso pnéou**ma**tiko]

Les palmes	*Le pinne*	[lé **pi**nné]
Le parasol	*L'ombrellone*	[l'ommbrè**llo**né]
La planche à voile	*La tavola a vela*	[la **ta**vola a **vé**la]
La planche de surf	*La tavola da surf*	[la **ta**vola da **seurf**]
La raquette de tennis	*La racchetta da tennis*	[la ra**kké**tta da **té**nnis]
Les skis	*Gli sci*	[lyi **chi**]
Le voilier	*La barca a vela*	[La **bar**ka a **vé**la]

Activités de plein air

99

La mer – *Il mare*

Les courants marins	*Le correnti marine*	[le ko**renn**ti ma**ri**né]
Courants dangereux	*Correnti pericolose*	[lé ko**renn**ti périko**lo**zé]
La marée basse	*La bassa marea*	[la **ba**ssa ma**rè**a]
La marée haute	*L'alta marea*	[l'**al**ta ma**rè**a]
Mer calme	*Mare calmo*	[**ma**ré **kal**mo]
Mer agitée	*Mare mosso*	[**ma**ré **mo**sso]
Le rocher	*Lo scoglio*	[lo **sko**lyio]
Le sable	*La sabbia*	[la **sa**bbia]
Le surveillant	*Il bagnino*	[il ba**gni**no]

Activités de plein air

HÉBERGEMENT – *ALLOGGIO*

| Hôtel | *Hotel* ou *albergo* | [o**tel**] [al**ber**go] |
| Hôtel (plus simple) | *Locanda* | [lo**kann**da] |

Hôtel-appartement (résidence hôtelière)
Hotel residence ou *residence*
[o**tel** rézi**den**ce] [rézi**den**ce]

Pension de famille
Pensione ou *pensione familiare*
[pénn**sio**né] [pénn**sio**né fami**lia**ré]

| Balcon | *Balcone* | [bal**ko**né] |
| Bar | *Bar* | [**bar**] |

Bébé
Neonato/ta ou *lattante* ou *bebè*
[néo**na**to/ta] [la**ttann**té] [bé**bé**]

Boutiques	*Botteghe*	[bo**tté**ghé]
Bruit	*Rumore*	[rou**mo**ré]
Bruyant/bruyante	*Rumoroso/sa*	[roumo**ro**zo/za]
La cafetière	*La caffettiera*	[la kaffé**ttiè**ra]
Calme	*Tranquillo* ou *calmo/a*	[trann**koui**llo] [**kal**mo/a]
Chambre avec salle de bain	*Camera con bagno*	[**ka**méra **konn ba**gno]
...avec douche	...*Con doccia*	[**konn do**tcha]
...avec baignoire	...*Con vasca da bagno*	[**konn vas**ka da **ba**gno]

Chambre pour une personne
Camera singola
[**ka**méra **sinn**gola]

Chambre pour deux personnes à un lit
Camera matrimoniale
[**ka**méra matrimo**nia**lé]

Chambre à deux lits	*Camera doppia*	[**ka**méra **do**ppia]
Chaise	*Sedia*	[**sé**dia]
Le chauffage	*Il riscaldamento*	[il riskalda**ménn**to]
La climatisation	*L'aria condizionata*	[l'**a**ria konnditsio**nna**ta]
Le coffre-fort	*La cassaforte*	[la kassa**for**té]
Le congélateur	*Il congelatore*	[il konndjéla**to**ré]
Les couverts	*I coperti*	[i ko**pèr**ti]
Une couverture	*Una coperta*	[**ou**na ko**per**ta]
Un couvre-lit	*Un copriletto*	[**oun** kopri**lè**tto]
Cuisinette	*Cucinino*	[koutchi**ni**no]
Divan-lit	*Divano-letto*	[di**va**no-**lè**tto]
Le drap	*Il lenzuolo*	[il lénn**tsouo**lo]
Le drap de bain	*L'asciugamano da bagno*	[l'achouga**ma**no da **ba**gno]
L'eau purifiée (minérale)	*L'acqua minerale naturale*	[l'**a**koua miné**ra**lé natou**ra**lé]
Enfant	*Bambino/na*	[bamm**bi**no/na]
Fenêtre	*Finestra*	[fi**nès**tra]
Le fer à repasser	*Il ferro da stiro*	[il **fè**rro da **sti**ro]
Le four à micro-ondes	*Il forno microonde*	[il **for**no micro**onn**dé]

Glaçons
Ghiaccio ou *Cubetti di giaccio*
[**guia**tcho] [kou**bé**tti di **guia**tcho]

Intimité	*Intimità*	[inntimi**ta**]
Le lave-linge	*La lavatrice*	[la lava**tri**tché]
Le lave-vaisselle	*La lavastoviglie*	[la lavasto**vi**lyié]
Lit à deux places	*Letto matrimoniale*	[**lè**tto matrimo**nia**lé]
Lits jumeaux	*Letti gemelli*	[**lè**tti djé**mè**lli]
La lumière	*La luce*	[la **lou**tché]
Minibar	*Minibar* ou *Frigobar*	[mini**bar**]/[frigo**bar**]
La nappe	*La tovaglia*	[la to**va**lyia]
Un oreiller	*Un cuscino* ou	[**oun** kou**chi**no]
	Un guanciale	[**oun** gouann**tcha**lé]
Piscine	*Piscina*	[pi**chi**na]
La planche à repasser	*La tavola da stiro*	[la **ta**vola da **sti**ro]
La radio	*La radio*	[la **ra**dio]
Restaurant	*Ristorante*	[risto**rann**té]
Le réfrigérateur	*Il frigorifero*	[il frigo**ri**féro]
Les rideaux	*Le tende*	[lé **tènn**dé]
Du savon	*Il sapone*	[il sa**po**né]
Le sèche-cheveux	*L'asciugacapelli*	[l'achougaka**pé**lli]
Une serviette	*Un asciugamano*	[**oun** achouga**ma**no]
Le store	*La persiana*	[la per**sia**na]
Le store vénitien	*La veneziana*	[la véné**tsia**na]
Studio	*Studio*	[**stou**dio]
Suite	*Suite*	[**souit**]
	ou *Appartamento*	[apparta**menn**to]
Table	*Tavola*	[**ta**vola]
Une taie d'oreiller	*Una federa*	[**ou**na **fè**déra]
Télécopieur	*Fax*	[**fax**]
Téléphone	*Telefono*	[té**lé**fono]
Le téléviseur	*Il televisore*	[il télévi**zo**ré]
Télévision	*Televisione*	[télévi**zio**né]
Chaîne française	*Canale francese*	[ka**na**lé frann**tché**zé]

Commodités

Le tire-bouchon	*Il cavatappi*	[il kava**ta**ppi]
La vaisselle	*Le stoviglie*	[lé sto**vi**lyié]
Le ventilateur	*Il ventilatore*	[il vénntila**to**ré]

Vue	*Vista* ou *veduta*	[**vis**ta] [vé**dou**ta]
...sur la mer	*...sul mare*	[**soul ma**ré]
...sur la ville	*...sulla città*	[**sou**lla tchi**ttà**]
...sur la montagne	*...sulla montagna*	[**sou**lla monn**ta**gna]

Y a-t-il...	*C'è...*	[**tchè**]
...une piscine?	*...una piscina?*	[**ou**na pi**chi**na]
...un gymnase?	*...una palestra?*	[**ou**na pa**lès**tra]
...un court de tennis?	*...un campo da tennis?*	[**oun kamm**po da **tè**nnis]
...un terrain de golf?	*...un terreno da golf?*	[**oun** té**rré**no da **golf**]
...une marina?	*...un porticciolo?*	[**oun** porti**tcch**olo]

...dans l'hôtel, un service de lavage?
...in albergo, una lavanderia?
[**inn** al**ber**go **ou**na lavann**dé**ria]

...dans l'hôtel, un service de repassage?
...in albergo, una stireria
[**inn** al**ber**go **ou**na stir**é**ria]

Avez-vous une chambre libre pour cette nuit?
Ha una camera libera per questa notte?
[**a ou**na **ka**mera **li**béra **pér koues**ta **no**tté]

Quel est le prix de la chambre?
Quanto costa la camera?
[**kouann**to **kos**ta la **ka**mera]

La taxe est-elle comprise?
È compresa la tassa?
[**è** komm**prè**za la **ta**ssa]

Nous voulons une chambre avec salle de bain.
Desideremmo una camera con bagno, per piacere.
[dézidé**rè**mmo **ou**na **ka**méra **konn ba**gno **pér** pia**tché**ré]

Le petit déjeuner est-il compris?
È inclusa, nel prezzo, la prima colazione?
[**è** inn**klou**za nel **prè**tso la **pri**ma kola**tsio**né]

Avez-vous des chambres moins chères?
Ha delle camere meno costose?
[**a dè**llé **ka**méré **mè**no kos**to**se]

Pouvons-nous voir la chambre?
Possiamo visitare la camera?
[po**ssia**mo vizi**ta**ré la **ka**méra?]

Je la prends.
Va bene, la prendo.
[**va bè**né la **prenn**do]

Y a-t-il (avez-vous) une réservation au nom de…?
C'è una prenotazione al nome di…?
[**Tché ou**na préno**ta**t**sio**né al **no**mé di]

On m'a confirmé le tarif de…
Mi hanno confermato il prezzo di….
[Mi **a**nno konnfer**ma**to il **prè**tso di]

Est-il possible d'avoir une chambre plus calme?
Per cortesia, sarebbe possibile avere una camera più calma?
[**pér** korté**zi**a sa**ré**bbé po**ssi**bilé a**vé**ré **ou**na **ka**méra **piou kal**ma]

Où pouvons-nous garer la voiture?
Dove possiamo parcheggiare la macchina?
[**do**vé po**ssia**mo parké**dja**ré la **ma**kkina]

Quelqu'un peut-il nous aider à monter nos bagages?
Qualcuno potrebbe aiutarci a portare su i bagagli, per cortesia?
[koual**kou**no po**tré**bbé aiou**tar**tchi a por**ta**ré **sou** i ba**ga**lyi **pér** kor**té**zia]

À quelle heure devons-nous quitter la chambre?
A che ora dobbiamo lasciare la camera?
[a **ké o**ra do**bbia**mo la**cha**ré la **ka**méra]

Peut-on boire l'eau du robinet?
Si può bere l'acqua del rubinetto?
[si **pouo bé**ré l'**a**kkoua **del** roubi**né**tto]

De quelle heure à quelle heure le petit déjeuner est-il servi?
Da che ora a che ora si fa la prima colazione?
[da **ké o**ra a **ké o**ra si **fa** la **pri**ma kola**tsio**né]

Pourrions-nous changer de chambre?
Potremmo cambiare di camera, per cortesia?
[po**trè**mmo kamm**bia**ré di **ka**méra **pér** korté**zi**a]

Nous voudrions une chambre avec vue sur la mer.
Desideremmo una camera con vista sul mare, per favore.
[dézidé**rè**mmo **ou**na **ka**méra **konn vi**sta **soul ma**ré, **pér** fa**vo**ré]

Est-ce que nous pouvons avoir deux clés?
Possiamo avere due chiavi, per piacere?
[po**ssia**mo a**vé**ré **doué kia**vi **pér** pia**tché**ré]

De quelle heure à quelle heure la piscine est-elle ouverte?
Da che ora a che ora è aperta la piscina?
[da **ké o**ra a **ké o**ra è a**pèr**ta la pi**chi**na]

Où pouvons-nous prendre des serviettes (draps de bain) pour la
piscine?
Dove possiamo trovare gli asciugamani per la piscina?
[**Do**vé po**ssia**mo tro**va**ré lyi achouga**ma**ni **pér** la pi**chi**na]

Y a-t-il un service de bar à la piscine?
C'è il bar in piscina?
[**tchè** il **bar inn** pi**chi**na]

Quelles sont les heures d'ouverture du gymnase?
Quali sono gli orari d'apertura della palestra?
[**koua**li **so**no **lyi o**rari d'apèr**tou**ra **dè**lla pa**lès**tra]

Y a-t-il un coffre-fort dans la chambre?
C'è una cassaforte in camera?
[**tchè ou**na kassa**for**té **inn ka**méra]

Pouvez-vous me réveiller à…?
Per cortesia, mi potrebbe svegliare alle…
[**pér** kor**té**zia mi po**trè**bbe zvé**lyia**re **a**lle]

La climatisation ne fonctionne pas.
L'aria condizionata non funziona.
['**a**ria konnditsio**na**ta **nonn** founn**tsio**na]

La cuvette des toilettes est bouchée.
Il gabinetto è otturato (ou) bloccato.
[il gabi**nèt**to **è** ottou**ra**to] [blo**kka**to]

Commodités

Il n'y a pas de lumière.
Non c'è luce.
[**nonn tchè lou**tché]

Puis-je avoir la clé du coffre-fort?
Potrei avere la chiave della cassaforte, per favore?
[po**trè**i a**vé**ré la **kia**vé **dè**lla kassa**for**té **pér** favoré]

Le téléphone ne fonctionne pas.
Il telefono non funziona.
[il té**lé**fono **nonn** founn**tsio**na]

Avez-vous des messages pour moi?
Ha dei messagi per me?
[**a dè**i mé**ssa**dji **pér mé**]

Avez-vous reçu un fax pour moi?
Ha ricevuto un fax per me?
[**a** ritché**vou**to **oun fax pér mé**]

Pouvez-vous nous appeler un taxi?
Ci potrebbe chiamare un taxi, per cortesia?
[**tchi** po**trè**bbé kia**ma**ré **oun ta**xi **pér** kor**té**zia]

Pouvez-vous nous appeler un taxi pour demain à 6h?
Per cortesia, ci potrebbe chiamare un taxi per domani mattina, alle sei?
[**pér** kor**té**zia **tchi** po**trè**bbé kia**ma**ré **oun ta**xi **pér** do**ma**ni ma**tti**na **allé sè**i]

Nous partons maintenant.
Partiamo ora.
[par**tia**mo **o**ra]

Pouvez-vous préparer la facture?
Ci può preparare il conto, per favore?
[**tchi pouo** prépara**ra**ré **il konn**to **pér** favoré]

Je crois qu'il y a une erreur sur la facture.
Mi pare ou mi sembra che ci sia un errore sul conto.
[Mi **pa**ré (mi **semm**bra) **ké tchi sia oun** e**rro**re **soul konn**to]

Pouvez-vous faire descendre nos bagages?
Per cortesia, potrebbe fare portare giù i nostri bagagli?
[**pér** kor**té**zia po**trè**bbe **fa**ré por**ta**ré **djoù** i **nos**tri ba**ga**lyi]

Pouvez-vous garder nos bagages jusqu'à…?
Per cortesia, potrebbe tenere i nostri bagagli fino a...
[**pér** kor**té**zia po**trè**bbe té**né**ré i **nos**tri ba**ga**lyi **fi**no a]

Merci pour tout, nous avons fait un excellent séjour chez vous.
Grazie per tutto ou Grazie di tutto, abbiamo trascorso un bellissimo soggiorno da voi.
[**gra**tsié **pér tou**tto (**gra**tsié di **tou**tto) a**bbia**mo tras**kor**so **oun** bè**lli**ssimo so**djor**no **da vo**i]

Nous espérons revenir bientôt.
Speriamo di tornare presto.
[spé**ria**mo di tor**na**ré **pres**to]

La cuisine italienne
La cucina italiana
[la kou**tchi**na ita**lia**na]

Un restaurant typiquement italien
Una trattoria *
[**ou**na tratto**ri**a]

* *La trattoria* est un petit restaurant familial qui a un cachet particulier, où l'on mange de la **cuisine italienne.** Il est généralement plus simple et meilleur marché que le *ristorante*. Il existe aussi, cependant, des *trattorie* de luxe plus chères.

Pouvez-vous nous recommander un restaurant…?
Ci potrebbe consigliare un ristorante…?
[**Tchi** po**tre**bbé konnsi**lyia**re **oun** risto**ran**té]

Chinois	*Cinese*	[tchi**né**zé]
Français	*Francese*	[frann**tché**zé]
Indien	*Indiano*	[inn**dia**no]
Italien	*Italiano*	[ita**lia**no]
Japonais	*Giapponese*	[djappo**né**zé]
Mexicain	*Messicano*	[messi**ka**no]

Choisir une table – *Scegliere una tavola*

Banquette	*Panchina*	[pann**ki**na]
Chaise	*Sedia*	[**sè**dia]
Cuisine	*Cucina*	[kou**tchi**na]
En haut	*Su*	[**sou**]
En bas	*Giù*	[**djou**]

Commodités

110

Fenêtre	*Finestra*	[fin**è**stra]
Près de la fenêtre	*Vicino alla finestra*	[vi**tchi**no a**l**la fin**è**stra]
Salle à manger	*Sala da pranzo*	[**sa**la da **prann**dzo]
Table	*Tavola*	[**ta**vola]
Terrasse	*Terrazza*	[té**rra**tsa]
Toilettes	*Gabinetto* ou *Toilette* ou *Toletta*	[gabi**né**tto] [toua**lett**] [to**lé**tta]

Plats – *Piatti*

Petit déjeuner	*Prima colazione*	[**pri**ma kola**tsio**né]
Déjeuner	*Pranzo*	[**prann**dzo]
Dîner/souper	*Cena*	[**tché**na]

Hors-d'œuvre	*Antipasto*	[annti**pas**to]
Entrée	*Primo piatto*	[**pri**mo **pia**tto]
Soupe	*Zuppa* ou *minestra*	[**dzou**ppa] [mi**nes**tra]
Plat	*Piatto*	[**pia**tto]
Plat principal	*Secondo piatto*	[sé**konn**do **pia**tto]
Dessert	*Dessert* ou *Dolce* ou *Frutta*	[dé**ssert**] [**dol**tché] [**frou**tta]

À la braise	*Sulla brace*	[**sou**lla **bra**tché]
A la poêle	*Padellato*	[padé**lla**to]
Au charbon de bois	*Al carbone di legna*	[al kar**bo**né di **lè**gna]
Au four	*Al forno*	[al **for**no]
Émincé (adjectif)	*Affettato*	[affé**tta**to]
Émincé (substantif)	*Scaloppina*	[skalo**ppi**na]
Farci	*Farcito* ou *ripieno*	[far**tchi**to] [ri**pié**no]
Gratiné	*Gratinato*	[grati**na**to]
Gressins	*Grissini* **	[gri**ssi**ni]

Commodités

111

Pané	*Impanato* ou *Panato*	[innpa**na**to] [pa**na**to]
Pâtes	*Pasta*	[**pas**ta]
Plat de pâtes	*Pastasciutta*	[pasta**chou**ta]
Plats végétariens	*Piatti vegetariani*	[**pia**tti védjéta**ria**ni]
Riz	*Riso*	[**ri**zo]
Salade	*Insalata*	[innsa**la**ta]

Sandwich
Sandwich ou *panino* ou *tramezzino* *
[**sann**douitch] [pa**ni**no] [tramé**dzi**no]

Fromage	*Formaggio*	[for**ma**ddjo]
Fromage de brebis	*Pecorino*	[péko**ri**no]
Gorgonzola	*Gorgonzola*	[gorgonn**dzo**la]
Mozzarella	*Mozzarella*	[motsa**rè**lla]
Parmesan	*Parmigiano Reggiano*	[parmi**dja**no ré**dja**no]

* Le *tramezzino* est un sandwich composé de deux tranches de pain de mie coupées en triangle, garnies de divers produits (jambon, saumon, thon, mozzarella, légumes, œufs, etc.).

** Les gressins (*grissini*), sont de longs et fins bâtons croustillants que l'on mange comme accompagnement d'un peu de tout (pâtes, jambon cru, etc.), à la place du pain.

Boissons – *Bevande*

Une boisson
Una bibita ou *Una bevanda*
[**ou**na bi**bi**ta] [**ou**na bé**vann**da]

Commodités

| Café*** | *Caffè* | [ka**ffè**] |

Café avec un soupçon de lait
Caffè macchiato ou *un macchiato*
[ka**ffè** ma**kkia**to] [**ounn** ma**kkia**to]

Café au lait	*Caffèlatte*	[kaffè**la**tté]
Cappucino	*Cappuccino*	[kappou**tchi**no]
	ou *Cappuccio*	[ka**ppou**tcho]
Espresso	*Espresso*	[es**prè**sso]
Espresso court/serré	*Caffè ristretto*	[ka**ffè** ris**trè**tto]
Espresso allongé	*Caffè lungo*	[ka**ffè loun**go]

Crème	*Crema* ou *Panna*	[**krè**ma] [**pa**nna]
Eau minérale****	*Acqua minerale*	[**a**kkoua miné**ra**lé]
Eau minérale	*Acqua minerale*	[**a**kkoua miné**ra**lé
pétillante	*frizzante*	fri**dzann**té]

Eau minérale plate (eau purifiée)
Acqua minerale naturale
[**a**kkoua miné**ra**lé natou**ra**lé]

| Jus de fruits | *Succo di frutta* | [**su**kko di **frou**tta] |

Jus d'orange
Succo d'arancia ou *Spremuta* ou *Aranciata*
[**sou**kko d'a**rann**tcha] [sprè**mou**ta] [arann**tcha**ta]

| Lait | *Latte* | [**la**tté] |
| Sucre | *Zucchero* | [**tsou**kkéro] |

Commodités

| Thé | *Tè* | [**tè**] |
| Tisane | *Tisana* | [ti**za**na] |

*** En Italie, dans les bars et les *pasticcerie* (pâtisseries), il suffit de demander un café, et l'on vous servira toujours un *espresso.* Ceux qui aiment le café moins fort demanderont *un lungo* (un allongé).
**** En Italie, si vous ne précisez pas que vous voulez une eau minérale plate *(naturale)*, on vous apportera une eau minérale pétillante *(frizzante)*.

Alcools – *Bevande alcoliche*

Apéritif	*Aperitivo*	[apéri**ti**vo]
Bière	*Birra*	[**bi**rra]
Bière en fût/pression	*Birra alla spina*	[**bi**rra **a**lla **spi**na]
Carte des vins	*Lista dei vini*	[**lis**ta **dèi vi**ni]
Digestif	*Digestivo*	[didjés**ti**vo]
Vin	*Vino*	[**vi**no]
Vin blanc	*Vino bianco*	[**vi**no **biann**ko]
Vin maison	*Vino della casa*	[**vi**no **dèl**la **ka**za]
Vin rouge	*Vino rosso*	[**vi**no **ro**sso]
Vin rosé	*Vino rosato*	[**vi**no ro**za**to]
Vin du pays	*Vino nostrano*	[**vi**no nos**tra**no]
Bouteille	*Bottiglia*	[bo**tti**lyia]
Demi-bouteille	*Mezza bottiglia*	[**mè**dza bo**tti**lyia]
Un demi	*Mezzo litro*	[**mè**dzo **li**tro]
Un quart	*Un quarto*	[**oun kouar**to]
Vin sec	*Vino secco*	[**vi**no **sé**kko]
Vin doux	*Vino dolce*	[**vi**no **dol**tché]
Mousseux ———	*Spumante*	[spou**mann**té]

Commodités

| Avec glaçons | *Con ghiaccio* | [**konn guia**tcho] |
| Sans glaçons | *Senza ghiaccio* | [**sénn**tsa **guia**tcho] |

Couverts - *Coperti*

L'assiette	*Il piatto*	[il **pia**tto]
Le cendrier	*Il portacenere*	[il porta**tché**néré]
Le couteau	*Il coltello*	[il kol**tè**llo]
La cuillère	*Il cucchiaio*	[il kou**kkia**yo]
La fourchette	*La forchetta*	[la for**ké**tta]

Le menu *****
La lista ou *il menù*
[la **lis**ta] [il mé**nou**]

La serviette de table	*Il tovagliolo*	[l tova**lyio**lo]
La soucoupe	*Il piattino*	[il pia**tti**no]
La tasse	*La tazza*	[la **ta**tsa]
Le verre	*Il bicchiere*	[il bi**kkiè**ré]

***** Dans les restaurants, on mange à la carte. Si un menu est affiché, c'est un menu touristique (*menù turistico*). Souvent ces menus touristiques sont très décevants, et il est préférable de manger à la carte.

Je voudrais faire une réservation pour deux personnes, vers 20h.
Vorrei fare una prenotazione per due persone, verso le otto.
[vo**rrèi** fa**ré ou**na prénota**tsio**né **pér** dou**é** pér**so**né **ver**so lé **ot**to]

Est-ce que vous aurez de la place plus tard?
Ci sarà un tavolo libero più tardi?
[**tchi** sa**rà oun ta**volo **li**béro **piou** tar**di**]

Commodités

115

Je voudrais réserver pour demain soir.
Vorrei prenotare per domani sera.
[vor**rè**i préno**ta**ré **pér** do**ma**ni **sé**ra]

Quelles sont les heures d'ouverture du restaurant?
Quali sono gli orari d'apertura del ristorante?
[**koua**li **so**no **lyi** o**ra**ri d'apèr**tou**ra del risto**rann**té]

J'aimerais voir le menu.
Vorrei vedere la lista ou *il menù, per favoré*
[vor**rè**i vé**dé**ré la **lis**ta (il mé**nou**) **pér** fa**vo**ré]

Je voudrais une table sur la terrasse.
Vorrei una tavola sulla terrazza, per piacere.
[vor**rè**i **ou**na **ta**vola **sou**lla té**rra**tsa, **pér** pia**tché**ré]

Pouvons-nous simplement prendre un verre?
Possiamo prendere soltanto una bibita?
[po**ssia**mo **prenn**déré sol**tann**to **ou**na bi**bi**ta]

Pouvons-nous simplement prendre un café?
Possiamo prendere soltanto un caffè?
[po**ssia**mo **prenn**déré sol**tann**to **oun** ka**ffè**]

Je suis végétarien(ne).
Sono vegetariano/na.
[**so**no védjéta**ria**no/na]

Je ne mange pas de porc.
Non mangio maiale
[**non mann**djo **maya**lé]   *maiale*

Je suis allergique aux noix/aux arachides.
Sono allergico (ca) alle noci/alle arachidi.
[**so**no a**ller**djiko (ka) **a**llé **no**tchi] [**a**llé a**ra**kidi]

Je suis allergique aux œufs.
Sono allergico (ca) alle uova.
[**so**no a**ller**djiko (ka) **a**llé **ouo**va]

Servez-vous du vin au verre?
Serve il vino al bicchiere?
[**ser**vé il **vi**no al bi**kkié**ré]

Quelques spécialités italiennes

Bien sûr l'Italie est le pays des pâtes; de la **pizza**, originaire de
Naples; de **l'espresso** et du **cappuccino**. Mais l'Italie est avant
tout un pays riche en traditions culinaires et en produits du terroir.
Du **Prosciutto di Parma** [pro**chou**tto di **par**ma] (jambon cru
de Parme) au **Parmigiano Reggiano** [parmi**dja**no ré**dja**no], en
passant par les vins (**Frascati** [fras**ka**ti], **Valpolicella**
[valpoli**tchè**lla], **Bardolino** [bardo**li**no], **Chianti** [**kiann**ti],
Marsala [mar**sa**la]…), la **Grappa** [**gra**ppa], les huiles d'olive,
l'aceto balsamico [l'a**tchè**to bal**za**miko] (vinaigre balsamique
de Modène), la **mortadella** [la morta**dè**lla], les **grissini** du
Piémont, les productions locales ne manquent pas. Ajoutons à
cela une cuisine qui a su garder ses particularités régionales et de
très bons produits de base (fruits, légumes, viandes, poissons), et
l'on comprendra la saveur et la variété de la cuisine italienne. Voici
quelques plats typiques:

La polenta [po**lenn**ta]. Faite à base de farine de maïs, elle
accompagne à merveille les ragoûts de viande, le lapin et le
poisson. Avec des spécialités régionales, comme la **polenta con
seppie al nero** [po**lenn**ta **konn sé**ppié al **né**ro] (polenta aux
seiches préparées avec leur encre), à Venise.

Le *risotto* [ri**zo**tto] est un plat à base de riz que l'on fait blondir dans l'huile d'olive avant de le faire cuire dans l'eau ou dans un bouillon. Il est assaisonné de safran, de vin blanc ou vermouth, d'oignon et d'ail et cuit avec des légumes, viandes et poissons.

L'ossobuco [l'osso**bou**ko]. Ce plat originaire de Milan est composé de jarret de veau avec l'os et sa moelle.

On mange d'ailleurs beaucoup de veau en Italie. D'où quelques fameuses spécialités: *scaloppine alla milanese* [skalo**ppi**né **a**lla mila**né**zé] (escalopes de veau panées); *vitello tonnato* [vi**tè**llo to**nna**to] (veau avec sauce au thon et anchois); *involtini* [innvol**ti**ni] (paupiettes de veau); *saltimbocca* [saltimm**bo**kka] (avec du jambon).

Le *carpaccio* [kar**pa**ttcho]. Crée à Venise, ce plat consiste en de très fines tranches de bœuf crues. On le fait également avec du thon (*tonno*).

La cucina ai ferri [la kou**tchi**na a**ï** **fè**rri]. Il s'agit de viandes, poissons et crustacés cuits au gril, ce qui permet d'en faire ressortir tout le goût. Comme la *bistecca alla fiorentina* [bis**tè**kka **a**lla fiorenn**ti**na] (entrecôte), une spécialité de Florence.

La baccalà [bakka**la**]. La morue sèche est la base de nombreux plats: *baccalà mantecato* [bakka**la** mannté**ka**to], *baccalà alla vicentina* [bakka**la** **a**lla vitchenn**ti**na] à Venise, *baccalà alla marinara* [bakka**la** **a**lla mari**na**ra] à l'huile d'olive et à l'ail à Florence, ou encore en croquettes.

Le *minestrone* [minès**tro**né]. Originaire de Gênes, cette soupe dont on fait de nombreuses variétés contient des haricots secs, des pâtes, des petits pois et autres légumes, et le fameux *pesto*.

Le goût – *Il gusto*

Amer	*Amaro*	[a**ma**ro]
Assaisonné	*Condito*	[konn**di**to]
Doux	*Dolce*	[**dol**tché]
Épicé	*Speziato*	[spé**tsia**to]
Fade	*Insipido*	[inn**si**pido]
Piquant	*Piccante* ou *forte*	[pi**kann**té] [**for**té]
Poivré	*Pepato*	[pé**pa**to]
Salé	*Salato*	[sa**la**to]
Sucré	*Dolce* ou *zuccherato*	[**dol**tché] [tsoukké**ra**to]

Amaro	Amer	[a**ma**ro]
Dolce	Doux ou sucré	[**dol**tché]
Forte	Piquant	[**for**té]
Insipido	Fade	[inn**si**pido]
Pepato	Poivré	[pé**pa**to]
Piccante	Piquant	[pi**kann**té]
Salato	Salé	[sa**la**to]
Speziato	Épicé	[spé**tsia**to]
Zuccherato	Sucré	[tsoukké**ra**to]

Épices, herbes et condiments – *Spezie, erbe aromatiche e condimenti*

Basilic	*Basilico*	[ba**zi**liko]
Beurre	*Burro*	[**bou**rro]
Cannelle	*Cannella*	[ka**nnè**lla]
Câpres	*Capperi*	[**ka**ppéri]
Cornichons	*Cetriolini*	[tchétrio**li**ni]

Curry	*Curry*	[**ka**ri]
Épices	*Spezie*	[**spè**tsié]
Estragon	*Dragoncello*	[dragonn**tché**llo]
Huile	*Olio*	[**o**lyio]
Huile d'olive	*Olio d'oliva*	[**o**lyio d'o**li**va]
Laurier	*Alloro* ou *Lauro*	[a**llo**ro] [**la**ouro]
Marjolaine	*Maggiorana*	[maddjo**ra**na]
Menthe	*Menta*	[**mén**nta]
Moutarde	*Sènape*	[**sè**napé]
Muscade	*Noce moscata*	[**no**tché mos**ka**ta]
Origan	*Origano*	[o**ri**gano]
Pain	*Pane*	[**pa**né]
Persil	*Prezzemolo*	[pré**tsé**molo]
Pignons	*Pinoli*	[pi**no**li]
Poivre	*Pepe*	[**pé**pé]
Poivre en grain	*Pepe in grani*	[**pé**pé **inn gra**ni]
Romarin	*Rosmarino*	[rozma**ri**no]
Safran	*Zafferano*	[dza**ffé**rano]
Sauge	*Salvia*	[**sal**via]
Sauce	*Salsa*	[**sal**sa]
Sel	*Sale*	[**sa**lé]
Thym	*Timo*	[**ti**mo]
Vinaigre	*Aceto*	[a**tché**to]
Vinaigre balsamique	*Aceto balsamico*	[a**tché**to bal**za**miko]

◆ ◆ ◆

Aceto	Vinaigre	[a**tché**to]
Aceto balsamico	Vinaigre balsamique	[a**tché**to bal**za**miko]
Alloro	Laurier	[a**llo**ro]
Basilico	Basilic	[ba**zi**liko]

Commodités

Burro	Beurre	[**bou**rro]
Cannella	Cannelle	[ka**nnè**lla]
Capperi	Câpres	[**ka**ppéri]
Cetriolini	Cornichons	[tchétrio**li**ni]
Curry	Curry	[**ka**ri]
Dragoncello	Estragon	[dragonn**tché**llo]
Lauro	Laurier	[**la**ouro]
Maggiorana	Marjolaine	[maddjo**ra**na]
Menta	Menthe	[**mén**nta]
Noce moscata	Muscade	[**no**tché mos**ka**ta]
Olio	Huile	[**o**lyio]
Olio d'oliva	Huile d'olive	[**o**lyio d'o**li**va]
Origano	Origan	[o**ri**gano]
Pane	Pain	[**pa**né]
Pepe	Poivre	[**pé**pé]
Pepe in grani	Poivre en grain	[**pé**pé **inn gra**ni]
Pinoli	Pignons	[pi**no**li]
Prezzemolo	Persil	[pré**tsé**molo]
Rosmarino	Romarin	[rozma**ri**no]
Sale	Sel	[**sa**lé]
Salsa	Sauce	[**sal**sa]
Salvia	Sauge	[**sal**via]
Senape	Moutarde	[**sé**napé]
Timo	Thym	[**ti**mo]
Zafferano	Safran	[dza**ffé**rano]

Commodités

Petit déjeuner – *Prima colazione*

Brioche	*Brioche*	[bri**o**che]
Chocolat (à boire)	*Cioccolata*	[tchokko**la**ta]

Chocolatine/pain au chocolat
croissant alla cioccolata
[kroi**ssant a**lla tchokko**la**ta]

Confiture	*Confettura*	[konnfé**ttou**ra]
Crêpe	*Crespella* ou *crepe*	[kres**pé**lla] [**crè**pe]

Croissant
Croissant ou *Cornetto* ou *focaccina*
[kroi**ssant**] [kor**nè**tto] [foka**tchi**na]

Fromage	*Formaggio*	[for**ma**ddjo]
Fromage frais (blanc)	*Formaggio fresco*	[for**ma**ddjo **fres**ko]
Céréales	*Cereali*	[tchéré**a**li]
Marmelade	*Marmellata*	[marmé**lla**ta]
Œufs	*Uova*	[**ouo**va]
Omelette	*Omelette*	[ome**llè**tte]
Pain	*Pane*	[**pa**né]
Pain de blé entier	*Pane di grano intero*	[**pa**né di **gra**no inn**té**ro]
Toast	*Pane tostato*	[**pa**né tos**ta**to]
Yaourt	*Iogurt* ou *yogurt*	[**yo**gourt]

◆ ◆ ◆

Brioche	Brioche	[bri**o**che]
Cereali	Céréales	[tchéré**a**li]
Cioccolata	Chocolat (à boire)	[tchokko**la**ta]

Confettura	Confiture	[konnféttoura]
Crespella ou *crepe*	Crêpe	[krespélla] [**crè**pe]
Croissant ou *Cornetto*	Croissant	[kroissant] [kornètto]
Croissant alla cioccolata	Pain au chocolat	[kroissant **a**lla tchokko**la**ta]
Focaccina	Croissant	[foka**tchi**na]
Formaggio	Fromage	[for**ma**ddjo]
Formaggio fresco	Fromage frais (blanc)	[for**ma**ddjo **fres**ko]
Iogurt	Yaourt	[**yo**gourt]
Marmellata	Marmelade	[marméllata]
Omelette	Omelette	[ome**llè**tte]
Pane	Pain	[**pa**né]
Pane di grano intero	Pain de blé entier	[**pa**né di **gra**no inntéro]
Pane tostato	Toast	[**pa**né tostato]
Uova	Œufs	[**ouo**va]
Yogurt	Yaourt	[**yo**gourt]

Fruits - *Frutta*

Les fruits (en général, dans leur ensemble)
La frutta
[la **frou**tta]

Abricot	*Albicocca*	[albi**kko**ka]
Amande	*Mandorla*	[**mann**dorla]
Ananas	*Ananas* ou *Ananasso*	[**a**nanas] [ana**na**sso]
Arachides	*Arachidi*	[a**ra**kidi]
Banane	*Banana*	[ba**na**na]
Clémentine	*Clementina*	[klémén**ti**na]
Coco	*Cocco*	[**ko**kko]
Figue	*Fico*	[**fi**ko]

Commodités

Fraise	*Fragola*	[**fra**gola]
Framboise	*Lampone*	[lamm**po**né]
Un fruit	*Un frutto*	[**oun frou**tto]
Fruit de la passion	*Frutto della passione*	[**frou**tto **de**lla pa**ssio**né]
Cerise –s	*Ciliegia -ge*	[tchi**liè**dja -djé]
Citron	*Limone*	[li**mo**né]
Citrouille (potiron)	*Zucca*	[**tsou**kka]
Datte	*Dattero*	[**da**ttéro]
Griotte	*Marasca*	[ma**ras**ka]
Groseille	*Ribes*	[**ri**béss]
Kiwi	*Kiwi*	[**ki**wi]
Lime	*Limone verde*	[li**mo**né **vér**dé]
Mandarine	*Mandarino*	[mannda**ri**no]
Mangue	*Mango*	[**mann**go]
Melon	*Melone*	[mé**lo**né]
Mûr (e)	*Maturo/a*	[ma**tou**ro/a]
Mûre	*Mora*	[**mo**ra]
Noisettes	*Nocciole* ou *Noccioline*	[no**ttcho**lé] [no**ttcho**liné]
Noix	*Noce*	[**no**tché]
Olive verte	*Olive verdi*	[o**li**vé **ver**di]
Olive noire	*Olive nere*	[o**li**vé **né**ré]
Orange	*Arancia*	[a**rann**tcha]
Pamplemousse	*Pompelmo*	[pomm**pèl**mo]
Pêche	*Pesca*	[**pés**ka]
Poire	*Pera*	[**pé**ra]
Pomme	*Mela*	[**mé**la]
Prune	*Susina* ou *Prugna*	[sou**zi**na] [**prou**gna]
Raisin	*Uva*	[**ou**va]
Vert (e)	*Acerbo/a*	[a**tcher**bo/a]

Italien	Français	Prononciation
Acerbo/a	Vert (e)	[a**tcher**bo/a]
Albicocca	Abricot	[albi**kko**ka]
Ananas	Ananas	[**a**nanas]
ou *Ananasso*		[anana**sso**]
Arancia	Orange	[a**rann**tcha]
Arachidi	Arachide	[ara**ki**di]
Banana	Banane	[ba**na**na]
Ciliegia –ge	Cerise -s	[tchi**liè**dja -djé]
Clementina	Clémentine	[klémén**nti**na]
Cocco	Coco	[**ko**kko]
Dattero	Datte	[**da**ttéro]
Fico	Figue	[**fi**ko]
Fragola	Fraise	[**fra**gola]
Frutto	Fruit	[**frou**tto
della passione	de la passion	**del**la pa**ssio**né]
Kiwi	Kiwi	[**ki**wi]
Lampone	Framboise	[lamm**po**né]
Limone verde	Lime	[li**mo**ne **vér**dé]
Limone	Citron	[li**mo**né]
Mandarino	Mandarine	[mannda**ri**no]
Mandorla	Amande	[**mann**dorla]
Mango	Mangue	[**mann**go]
Marasca	Griotte	[ma**ras**ka]
Maturo/a	Mûr (e)	[ma**tou**ro/a]
Mela	Pomme	[**mé**la]
Melone	Melon	[mé**lo**né]
Mora	Mûre	[**mo**ra]
Nocciole	Noisette	[no**ttcho**lé]
ou *Noccioline*		[no**ttcho**liné]
Noce	Noix	[**no**tché]

Commodités

Olive nere	Olives noires	[olivé néré]
Olive verdi	Olives vertes	[olivé verdi]
Pera	Poire	[péra]
Pesca	Pêche	[péska]
Pompelmo	Pamplemousse	[pommpèlmo]
Prugna	Prune	[**prou**gna]
Ribes	Groseille	[**ri**béss]
Susina	Prune	[sou**zi**na]
Uva	Raisin	[**ou**va]
Zucca	Citrouille (potiron)	[**tsou**kka]

Légumes – *Legumi*

Légumes	*Legumi*	[lé**gou**mi]
Légumes frais/ salade	*Verdura*	[ver**dou**ra]

Des légumes servis comme accompagnement d'un plat, au restaurant
Un contorno
[**oun** kon**tor**no]

Ail	*Aglio*	[**a**lyio]
Artichauts	*Carciofi*	[kar**tcho**fi]
Asperges	*Asparagi*	[as**pa**ragi]
Aubergines	*Melanzane*	[mélann**tsa**né]
Avocat	*Avocado*	[avo**ka**do]
Brocoli	*Broccolo -i*	[**bro**kkolo -i]
Carottes	*Carote*	[ka**ro**té]
Céleri	*Sedano*	[**sè**dano]
Cèpe(s)/bolet(s)	*Porcino -i*	[por**tchi**no -i]
Champignons	*Funghi*	[**founn**ghi]
Chou	*Cavolo*	[**ka**volo]

Commodités

Chou-fleur	*Cavolfiore*	[kavol**fio**ré]
Choux de Bruxelles	*Cavolini di Bruxelles*	[kavo**li**ni di Bru**xè**lle]
Concombre	*Cetriolo*	[tché**trio**lo]
Courge	*Zucca*	[**tsou**kka]
Courgettes	*Zucchini/e*	[tsou**kki**ni/é]
Cresson	*Crescione*	[kré**cho**né]
Épinards	*Spinaci*	[spi**na**tchi]
Fenouil	*Finocchio*	[fi**no**kkio]
Haricots	*Fagioli*	[fa**djo**li]
Haricots verts	*Fagiolini verdi*	[fadjo**li**ni **vér**di]
Laitue	*Lattuga*	[la**ttou**ga]
Lentilles	*Lenticchie*	[lénn**ti**kkié]
Navet	*Navone*	[na**vo**né]
Oignon	*Cipolla*	[tchi**po**lla]
Petits pois	*Piselli*	[pi**zè**lli]
Piments (forts)	*Peperoncini*	[pépéronn**tchi**ni]
Poireau	*Porro*	[**po**rro]
Pois chiches	*Ceci*	[**tché**tchi]
Poivron	*Peperone*	[pépé**ro**né]
Pommes de terre	*Patate*	[pa**ta**té]
Radicchio	*Radicchio*	[ra**di**kkio]
Radis	*Radici*	[ra**di**tchi]
Salade	*Insalata*	[innsa**la**ta]
Tomate	*Pomodoro*	[pomo**do**ro]

◆ ◆ ◆

Aglio	Ail	[**a**lyio]
Asparagi	Asperges	[as**pa**ragi]
Avocado	Avocat	[avo**ka**do]
Broccolo -i	Brocoli	[**bro**kkolo -i]

Commodités

Carciofi	Artichauts	[kar**tcho**fi]
Carote	Carottes	[ka**ro**té]
Cavolfiore	Chou-fleur	[kavol**fio**ré]
Cavolini di Bruxelles	Choux de Bruxelles	[kavo**li**ni di Bru**xè**lle]
Cavolo	Chou	[**ka**volo]
Ceci	Pois chiches	[**tché**tchi]
Cetriolo	Concombre	[tché**trio**lo]
Cipolla	Oignon	[tchi**po**lla]
Crescione	Cresson	[kré**cho**né]
Fave	Fèves	[**fa**vé]
Fagioli	Haricots	[fa**djo**li]
Fagiolini verdi	Haricots verts	[fadjo**li**ni **vér**di]
Finocchio	Fenouil	[fi**no**kkio]
Funghi	Champignons	[**founn**ghi]
Insalata	Salade	[innsa**la**ta]
Lattuga	Laitue	[la**ttou**ga]
Lenticchie	Lentilles	[lénn**ti**kkié]
Melanzane	Aubergines	[mélann**tsa**né]
Navone	Navet	[na**vo**né]
Patate	Pommes de terre	[pa**ta**té]
Peperoncini	Piments (forts)	[pépéronn**tchi**ni]
Peperone	Poivron	[pépé**ro**né]
Piselli	Petits pois	[pi**zè**lli]
Pomodoro	Tomate	[pomo**do**ro]
Porro	Poireau	[**po**rro]
Radicchio	Radicchio	[ra**di**kkio]
Radici	Radis	[ra**di**tchi]
Sedano	Céleri	[**sè**dano]
Spinaci	Épinards	[spi**na**tchi]
Porcino –i	Cèpe(s)/bolet(s)	[por**tchi**no -i]

Commodités

Verdura	Légumes frais (salade)	[ver**dou**ra]
Zucca	Courge	[**tsou**kka]
Zucchini/e	Courgettes	[tsou**kki**ni/é]

Viandes – *Carni*

Abats	*Frattaglie* ou	[frat**ta**lyé]
	Rigaglie	[ri**ga**lyié]
Agneau	*Agnello*	[a**gnè**llo]
Bifteck	*Bistecca*	[bis**té**kka]
Bœuf	*Manzo*	[**mann**dzo]
Boulette	*Polpetta*	[pol**pé**tta]
Brochette	*Spiedino*	[spié**di**no]
Caille	*Quaglia*	[**koua**lyia]
Canard	*Anatra*	[**a**natra]
Cerf	*Cervo*	[**tchèr**vo]
Cervelle	*Cervella*	[tcher**vè**lla]
Chapon	*Cappone*	[ka**ppo**né]
Chevreau	*Capretto*	[ka**pré**tto]
Chevreuil	*Capriolo*	[ka**prio**lo]
Côtelette	*Costoletta* ou	[kosto**lé**tta] [koto**lé**tta]
	Cotoletta	
Cuisse	*Coscia*	[**ko**cha]
Dinde	*Tacchino*	[ta**kki**no]
Entrecôte	*Costata*	[kos**ta**ta]
Escalope	*Scaloppina*	[skalo**ppi**na]
Filet	*Filetto*	[fi**lé**tto]
Foie	*Fegato*	[**fé**gato]
Gigot	*Cosciotto*	[ko**cho**tto]
Grillade	*Bistecca ai ferri*	[bis**té**kka aï **fèr**ri]
Haché	*Trito* ou *Macinato*	[**tri**to] [matchi**na**to]
Jambon	*Prosciutto*	[pro**chou**tto]

Jambon cuit	*Prosciutto cotto*	[pro**chou**tto **ko**tto]
Jambon cru	*Prosciutto crudo*	[pro**chou**tto **krou**do]
Jarret	*Garretto*	[ga**rrè**tto]
Jarret de veau	*Ossobuco*	[osso**bou**ko]
Langue	*Lingua*	[**linn**goua]
Lapin	*Coniglio*	[ko**ni**lyio]
Lièvre	*Lepre*	[**lè**pre]
Oie	*Oca*	[**o**ka]
Perdrix	*Pernice*	[per**ni**tché]
Pintade	*Faraona*	[fara**o**na]
Poitrine	*Petto*	[**pè**tto]
Porc	*Maiale*	[ma**ya**lé]
Poulet	*Pollo*	[**po**llo]
Ris	*Animelle*	[ani**mè**lle]
Rognons	*Rognone*	[ro**gno**né]
Sanglier	*Cinghiale*	[tchinn**guia**lé]
Saucisse	*Salsiccia*	[sal**si**tcha]
Saucisson	*Salame*	[sa**la**mé]

Tartare de tranches de viande très fines
Carpaccio
[kar**pa**ttcho]

Tranche	*Fetta*	[**fé**tta]
Tripes	*Trippa*	[**tri**ppa]
Veau	*Vitello*	[vi**tè**llo]
Venaison	*Selvaggina*	[selva**dji**na]
Viande	*Carne*	[**kar**né]
Volaille	*Pollame*	[po**lla**mé]

Commodités

130

À point/(médium)
Una giusta cottura ou *cottura media*
[**ou**na **djou**sta ko**ttou**ra] [ko**ttou**ra **mé**dia]

À la braise	*Sulla brace*	[**sou**lla **bra**tché]
À la poêle	*Padellato*	[padé**lla**to]
Au charbon de bois	*Al carbone di legna*	[al kar**bo**né di **lè**gna]
Au four	*Al forno*	[al **for**no]
Bien cuit	*Ben cotto*	[**benn ko**tto]
Cru	*Crudo*	[**krou**do]
Émincé (adjectif)	*Affettato*	[affé**tta**to]
Émincé (substantif)	*Scaloppina*	[skalo**ppi**na]
Farci	*Farcito* ou *ripieno*	[far**tchi**to] [ri**pié**no]
Fumé	*Affumicato*	[affoumi**ka**to]
Gratiné	*Gratinato*	[grati**na**to]
Pané	*Impanato* ou *Panato*	[innpa**na**to] [pa**na**to]
Saignant	*Al sangue*	[al **sann**goué]
Sur le grill	*Ai ferri* ou *Sulla griglia*	[aï **fè**rri] [**sou**lla **gri**lyia]
Rosé	*Rosata*	[ro**za**ta]
Rôti	*Arrostito*	[arros**ti**to]

Agnello	Agneau	[a**gnè**llo]
Anatra	Canard	[**a**natra]
Animelle	Ris	[ani**mè**llé]
Bistecca	Bifteck	[bis**té**kka]
Bistecca ai ferri	Grillade	[bis**té**kka aï **fè**rri]
Cappone	Chapon	[ka**ppo**né]
Capretto	Chevreau	[ka**pré**tto]
Capriolo	Chevreuil	[ka**prio**lo]

Commodités

Carpaccio
Tartare de tranches de viande très fines
[kar**pa**ttcho]

◆ ◆ ◆

Cervella	Cervelle	[tcher**vè**lla]
Cervo	Cerf	[**tchèr**vo]
Cinghiale	Sanglier	[tchinn**guia**lé]
Coniglio	Lapin	[ko**ni**lyio]
Coscia	Cuisse	[**ko**cha]
Cosciotto	Gigot	[ko**cho**tto]
Costata	Entrecôte	[kos**ta**ta]
Costoletta ou *Cotoletta*	Côtelette	[kosto**lé**tta] [koto**lé**tta]
Faraona	Pintade	[fara**o**na]
Fegato	Foie	[**fé**gato]
Fetta	Tranche	[**fé**tta]
Filetto	Filet	[fi**lé**tto]
Garretto	Jarret de veau	[ga**rrè**tto][
Ossobuco	Jarret	osso**bou**ko]
Lepre	Lièvre	[**lè**pre]
Lingua	Langue	[**linn**goua]
Macinato	Haché	[matchi**na**to]
Maiale	Porc	[ma**ya**lé]
Manzo	Bœuf	[**mann**dzo]
Oca	Oie	[**o**ka]
Pernice	Perdrix	[per**ni**tché]
Petto	Poitrine	[**pè**tto]
Pollo	Poulet	[**po**llo]
Polpetta	Boulette	[pol**pé**tta]

Commodités

Prosciutto	Jambon	[pro**chou**tto]
Prosciutto cotto	Jambon cuit	[pro**chou**tto **ko**tto]
Prosciutto crudo	Jambon cru	[pro**chou**tto **krou**do]
Quaglia	Caille	[**koua**lyia]
Rognone	Rognons	[ro**gno**né]
Salame	Saucisson	[sa**la**mé]
Scaloppina	Escalope	[skalo**ppi**na]
Spiedino	Brochette	[spié**di**no]
Tacchino	Dinde	[ta**kki**no]
Trito	Haché	[**tri**to]
Vitello	Veau	[vi**tè**llo]

Poissons et fruits de mer – Pesci e frutti di mare

Anchois	*Acciuga* (pluriel): *acciughe*	[a**tchou**ga] (pluriel): [a**tchou**ghé]
Anguille	*Anguilla*	[ann**goui**la]
Bar	*Ombrina*	[omm**bri**na]
Brochet	*Luccio*	[**lou**tcho]
Calmars	*Calamari*	[kala**ma**ri]
Clovisses	*Vongole*	[**Vonn**golé]
Colin/merlu	*Nasello* ou *merluzzo*	[na**zè**llo] [mer**lou**tso]
Coquilles Saint-Jacques	*Capesante* ou *ventagli*	[kapé**sann**té] [venn**ta**lyi]
Crabe	*Granchio*	[grann**ki**o]
Petits crabes mous	*Moleche*	[mo**lé**ké]
Crevettes	*Gamberi* ou *gamberetti*	[**gamm**béri] [gammbé**rè**tti]
Crevettes royales/ gambas	*Gamberoni*	[gammbé**ro**ni]
Darne	*Trancia*	[**trann**tcha]
Dorade	*Orata*	[o**ra**ta]

133

Commodités

Écrevisse	*Gambero di fiume*	[**gamm**béro di **fiou**mé]
Escargots	*Lumache*	[lou**ma**ké]
Espadon	*Pesce spada*	[**pé**ché **spa**da]
Filet	*Filetto*	[fi**lé**tto]
Fruits de mer	*Frutti di mare*	[**frou**tti di **ma**ré]
Hareng	*Aringa*	[a**rinn**ga]
Homard	*Astice*	[**as**tiché]
Huîtres	*Ostriche*	[**os**triké]
Langouste	*Aragosta*	[ara**gos**ta]
Langoustine	*Scampo*	[**skamm**po]
Merlan	*Nasello*	[na**zé**llo]
Moules	*Cozze* ou *Mitili*	[**kott**sé] [**mi**tili]
Morue fraîche/ cabillaud	*Merluzzo*	[merl**ou**tso]
Morue salée	*Baccalà*	[bakka**là**]
Oursin	*Riccio di mare*	[**ri**tcho di **ma**ré]
Palourdes	*Vongole veraci*	[**vonn**golé vé**ra**tchi]
Petite friture	*Fritto misto mare*	[**fri**tto **mis**to **ma**ré]
Pétoncles	*Petonchi*	[pé**tonn**ki]
Poisson	*Pesce*	[**pé**ché]
Poulpe	*Polpo* ou *Polipo*	[**pol**po] [**po**lipo]
Raie	*Razza*	[**ra**tsa]
Rouget	*Triglia*	[**tri**lyia]
Sardines	*Sarde*	[**sar**dé]
Saumon	*Salmone*	[sal**mo**né]
Saumon fumé	*Salmone affumicato*	[sal**mo**né affoumi**ka**to]
Seiche	*Seppia*	[**sé**ppia]
Sole	*Sogliola*	[**so**lyiola]
Thon	*Tonno*	[**to**nno]
Truite	*Trota*	[**tro**ta]
Turbot	*Rombo*	[**romm**bo]

Commodités

134

Acciuga (pluriel): *acciughe*	Anchois	[a**tchou**ga] [a**tchou**ghé]
Anguilla	Anguille	[ann**goui**la]
Aragosta	Langouste	[ara**gos**ta]
Aringa	Hareng	[a**rinn**ga]
Astice	Homard	[**as**tiché]
Baccalà	Morue salée	[bakka**là**]
Calamari	Calmars	[kala**ma**ri]
Capesante	Coquilles Saint-Jacques	[kapé**sann**té]
Lumache	Escargots	[lou**ma**ké]
Cozze	Moules	[**ko**ttsé]
Filetto	Filet	[fi**lé**tto]
Fritto misto mare	Petite friture	[**fri**tto **mis**to **ma**ré]
Gamberi ou *gamberetti*	Crevettes	[**gamm**béri] [gammbé**rè**tti]
Gambero di fiume	Écrevisse	[**gamm**béro di **fiou**mé]
Gamberoni	Crevettes royales/gambas	[gammbé**ro**ni]
Granchio	Crabe	[grann**ki**o]
Luccio	Brochet	[**lou**tcho]
Mitili	Moules	[**mi**tili]
Merluzzo	Morue fraîche ou colin/merlu	[merl**ou**tso]
Moleche	Petits crabes mous	[mo**lé**ké]
Nasello	Merlan ou colin/merlu	[na**zé**llo]
Ombrina	Bar	[omm**bri**na]
Orata	Dorade	[o**ra**ta]
Ostriche	Huîtres	[**os**triké]

Commodités

Pesce spada	Espadon	[**pé**ché **spa**da]
Petonchi	Pétoncles	[pé**tonn**ki]
Polpo ou *Polipo*	Poulpe	[**pol**po] [**po**lipo]
Razza	Raie	[**ra**tsa]
Riccio di mare	Oursin	[**ri**tcho di **ma**ré]
Rombo	Turbot	[**romm**bo]
Salmone	Saumon	[sal**mo**né]
Salmone affumicato	Saumon fumé	[sal**mo**né affoumi**ka**to]
Sarde	Sardines	[**sar**dé]
Scampo	Langoustine	[**skamm**po]
Seppia	Seiche	[**sé**ppia]
Sogliola	Sole	[**so**lyiola]
Tonno	Thon	[**to**nno]
Trancia	Darne	[**trann**tcha]
Triglia	Rouget	[**tri**lyia]
Trota	Truite	[**tro**ta]
Ventagli	Coquilles Saint-Jacques	[venn**ta**lyi]
Vongole	Clovisses	[**Vonn**golé]
Vongole veraci	Palourdes	[**vonn**golé vé**ra**tchi]

Desserts – *Dessert*

Caramel	*Caramello*	[kara**mè**llo]
Chocolat	*Cioccolata*	[tchokko**la**ta]
Crème-dessert	*Crema*	[**krè**ma]
Crème chantilly	*Panna montata*	[**pa**nna monn**ta**ta]
Flan	*Budino*	[bou**di**no]
Gâteau	*Dolce* ou *Torta*	[**dol**tché] [**tor**ta]
Petit gâteau	*Pastina*	[pas**ti**na]
Glace/crème glacée	*Gelato*	[djé**la**to]

Meringue	*Meringa*	[mé**rinn**ga]
Mousse au chocolat	*Mousse alla Cioccolata*	[**mou**ss **a**lla tchokko**la**ta]
Pâtisserie (magasin)	*Pasticceria*	[pastitcché**ri**a]
Sorbet	*Sorbetto*	[sor**bé**tto]
Tarte	*Torta* ou *Crostata*	[**tor**ta]/[kros**ta**ta]
Vanille	*Vaniglia*	[va**ni**lya]

Voici quelques desserts italiens tous succulents:

Le *tiramisù* [tirami**sou**]. C'est le plus célèbre. Son nom signifie «tire-moi». Il est composé de *mascarpone*, marsala, café, cacao, biscuits à la cuiller.

Le *panettone* [pané**tto**né]. Sorte de brioche en forme de coupole, aux raisins secs et au cédrat.

Le *zabaione* [dzaba**yio**né]. Une crème à base de jaunes d'œufs et de marsala, inventée à Turin.

Le *panforte* [pann**for**té] de Sienne. Un gâteau très dense aux fruits confits, fruits secs, miel, aromatisé aux épices dont la muscade et le poivre.

Les *cannoli* [ka**nno**li] de Sicile. En forme de tube creux, ils sont remplis d'une crème à base de *ricotta* [ri**ko**tta], d'écorces d'orange et de citron.

Sans oublier la *cassata* [ka**ssa**ta] de Sicile (glace aux fruits confits), les *gelati* [djé**la**ti] et *granite* [gra**ni**té] divers, les *amaretti* [ama**rè**tti] (biscuits ressemblant à des macarons), les *frittelle* [fri**ttè**llé] (beignets) du temps du carnaval.

Nous n'avons pas eu…
Scusi, non abbiamo avuto…
[**skou**zi **nonn** a**bbia**mo a**vou**to]

J'ai demandé…
Scusi, ho domandato…
[**skou**zi **o** domann**da**to]

Commodités

C'est froid.
Scusi, questo piatto è freddo.
[**skou**zi **koues**to **pia**tto **è frè**ddo]

C'est trop salé.
Scusi, c'è troppo sale in questo piatto.
[**skou**zi **tchè tro**ppo **sa**lé **inn koues**to **pia**tto]

Ce n'est pas frais.
Scusi, non è fresco.
[**skou**zi **nonn è fres**ko]

L'addition, s'il vous plaît.
Il conto, per favore.
[il **konn**to **pér** fa**vo**ré]

Le service est-il compris?
È compreso il servizio?
[**è** komm**prè**zo il ser**vi**tsio]

Merci, ce fut un excellent repas.
Grazie, ho fatto (une personne) · *abbiamo fatto* (plusieurs personnes)
un buonissimo pasto.
[**gra**tsié **o fa**tto - a**bbia**mo **fa**tto - **oun** bouo**ni**ssimo **pas**to]

Merci, nous avons passé une très agréable soirée.
Grazie, abbiamo trascorso ou *passato una bella serata.*
[**gra**tsié a**bbia**mo tras**kor**so (pa**ssa**to) **ou**na **bè**lla sé**ra**ta]

SORTIES - *USCITE*

Divertissements – *Divertimenti*

Ballet	*Balletto*	[bal**lét**to]
Billetterie	*Biglietteria*	[bilyiét**té**ria]
Cinéma	*Cinema*	[**tchi**néma]
Concert	*Concerto*	[konn**tchèr**to]
Danse folklorique	*Danza folcloristica*	[**dann**tsa folklo**ris**tika]
	ou *danza popolare*	[**dann**tsa popola**ré**]
Entracte	*Intervallo*	[inn**tér**vallo]
	ou *Intermezzo*	[inner**mè**dzo]
Folklore	*Folclore*	[fol**klo**ré]
	ou *folklore*	
Guichet (au théâtre)	*Botteghino*	[botté**gui**no]
Guichet	*Sportello*	[spor**tèl**lo]
	ou *Biglietteria*	[bilyiét**té**ria]
Opéra (l'œuvre)	*Opera*	[**o**péra]
Opéra (le lieu)	*Teatro dell'opera*	[té**a**tro **dell'o**péra]
Programme	*Programma*	[pro**gra**mma]
Siège	*Posto*	[**pos**to]
Siège réservé	*Posto prenotato*	[**pos**to préno**ta**to]
Soccer/football	*Calcio/Football*	[**kal**tcho]/[**foot**ball]
Spectacle	*Spettacolo*	[spét**ta**kolo]
Théâtre	*Teatro*	[té**a**tro]

Je voudrais…
Vorrei...
[vo**rrè**i]

…les places les moins chères
…posti a prezzi bassi ou *i posti meno cari*
[**pos**ti a **pre**tsi **ba**ssi] [i **pos**ti **mè**no **ka**ri]

…les meilleures places.
…i posti migliori.
[i **pos**ti mi**lyio**ri]

Je voudrais… places/billets
Desiderei ou *vorrei… dei biglietti* ou *posti*
[désidé**rè**i (**vo**rrèi)… **déi** bi**lyiè**tti (**pos**ti)]

Est-ce qu'il reste des places pour…?
Rimangono dei posti per…?
[ri**mann**gono **déi pos**ti **pèr**]

Quels jours présente-t-on…?
Quali sono i giorni di rappresentazione per…?
[**koua**li **so**no i **djor**ni di rapprézénnta**tsio**né **pèr**]

Le film est-il en version originale?
È in versione originale il film?
[**è inn** ver**sio**né oridji**na**lé il **film**]

Est-ce sous-titré?
Ci sono i sottotitoli?
[**tchi so**no i sotto**ti**toli]

La vie nocturne – *La vita notturna*

Bar	*Bar*	[**bar**]
Bar gay	*Bar per i gay*	[**bar pèr** i **gué**]
Bar lesbien	*Bar per le lesbiche*	[**bar pèr** lé **lès**biké]
Barman	*Barista*	[ba**ris**ta]

Commodités

Boîte de nuit	*Locale notturno*	[lo**ka**le no**ttour**no]
Chanteur	*Cantante*	[kann**tann**té]
Consommation	*Bevanda*	[bé**vann**da]
Danse	*Danza*	[**dann**tsa]
Discothèque	*Discoteca*	[disko**tè**ka]
Entrée ($)	*Ingresso*	[inn**grès**so]
Jazz	*Jazz*	[**djazz**]
Le milieu gay	*L'ambiente gay*	[l'amm**bienn**té **gué**]
Musicien	*Musicista*	[mouzi**tchis**ta]
Musique en direct	*Musica in diretta*	[**mou**zika **inn** di**rè**tta]
Fête	*Festa*	[**fès**ta]
Piste de danse	*Pista da ballo*	[**pi**sta da **ba**llo]
Un verre	*Un bicchiere*	[**oun** bi**kkiè**ré]

Alcool	*Alcool*	[**al**kool]
Apéritif	*Aperitivo*	[apéri**ti**vo]
Bière	*Birra*	[**bi**rra]
Boisson	*Bevanda*	[bé**vann**da]
Digestif	*Digestivo*	[didjes**ti**vo]
Eau minérale plate	*Acqua minerale naturale*	[**a**kkoua miné**ra**lé natou**ra**lé]
Eau minérale gazeuse	*Acqua minerale frizzante*	[**a**kkoua miné**ra**lé fri**dzzann**té]

Jus d'orange

Succo d'arancia ou *Spremuta* ou *Aranciata*
[**sou**kko d'a**rann**tcha]/[sprè**mou**ta]/[arann**tcha**ta]

Soda	*Soda* ou *selz*	[**so**da] [**sèlz**]
Vermouth	*Vermut*	[**ver**mout]
Vin	*Vino*	[**vi**no]

Commodités

Rencontres – *Incontri*

Affectueux	*Affettuoso*	[afféto**uo**zo]
Beau/belle	*Bello/bella*	[**bè**llo] [**bè**lla]
Célibataire	*Celibe* (homme)	[**tchè**libé]
	Nubile (femme)	[**nou**bilé]
Charmant/charmante	*Affascinante*	[affachi**nann**té]
Compliment	*Complimento*	[kommpli**ménn**to]

Compliments
Complimenti
[kommpli**ménn**ti]
(tous mes compliments, mes hommages)

Conquête	*Conquista*	[konn**koui**sta]
Couple	*Coppia*	[**ko**ppia]
Discret/discrète	*Discreto/discreta*	[dis**kré**to] [dis**kré**ta]
Divorcé/divorcée	*Divorziato/divorziata*	[divor**tsia**to] [divor**tsia**ta]
Draguer	*Fare il filo*	[**fa**ré il **fi**lo]

Enchanté/enchantée
Contentissimo/contentissima
[konntènn**ti**ssimo] [konntènn**ti**ssima]

Fatigué/fatiguée	*Stanco/stanca*	[**stann**ko] [**stann**ka]
Femme	*Donna*	[**do**nna]
Femme (épouse)	*Moglie*	[**mo**lyié]
Fidèle	*Fedele*	[fé**dé**lé]
Fille	*Ragazza*	[[ra**ga**tsa]
Garçon	*Ragazzo*	[ra**ga**tso]
Gay	*Gay* ou *Omosessuale*	[**gué**] [omosè**ssoua**lé]

Commodités

Grand/grande	*Alto/alta*	[**al**to] [**al**ta]
Homme	*Uomo*	[**ouo**mo]
Invitation	*Invito*	[inn**vi**to]
Inviter	*Invitare*	[innvi**ta**ré]
Ivre	*Ubriaco*	[oubri**a**ko]
Jaloux/jalouse	*Geloso/gelosa*	[djé**lo**zo] [djé**lo**za]
Jeune	*Giovane*	[**djo**vané]
Joli/jolie	*Bello/bella*	[**bè**llo]/[**bè**lla]
Jouer au billard	*Giocare al biliardo*	[djo**ka**ré al bi**liar**do]
Laid/laide	*Brutto/brutta*	[**brou**tto] [**brou**tta]
Macho	*Macho*	[**ma**tchio]
Marié/mariée	*Sposato/sposata*	[spo**za**to] [spo**za**ta]
Mignon/mignonne	*Carino/carina*	[ka**ri**no] [ka**ri**na]
Personnalité	*Personalità*	[personali**tà**]
Petit/petite	*Piccolo/piccola*	[**pi**kkolo] [**pi**kkola]
Prendre un verre	*Bere un bicchiere di...*	[**bè**ré **oun** bi**kkiè**ré di]
Rendez-vous	*Appuntamento*	[appounta**ménn**to]
Santé (pour trinquer)	*Salute!*	[sa**lou**té]
Séparé/séparée	*Separato/separata*	[sépa**ra**to] [sépa**ra**ta]
Seul/seule	*Solo/sola*	[**so**lo] [**so**la]
Sexe sécuritaire	*Sesso senza rischio*	[**sè**sso **sen**tsa **ris**kio]
Sexy	*Sexy*	[**sek**si]
Sympathique	*Simpatico*	[simm**pa**tiko]
Vieux/vieille	*Vecchio/vecchia*	[**vè**kkio] [**vè**kkia]

Comment allez-vous?
Come sta?
[**ko**mé **sta**]

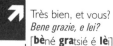

Très bien, et vous?
Bene grazie, e lei?
[**bè**né **gra**tsié é **lè**i]

Je vous présente…
Le presento...
[**lé** pré**zenn**to]

Pourriez-vous me présenter à cette demoiselle?
Potrebbe presentarmi a questa signorina?
[po**trè**bbé pré**zenn**tarmi a **koues**ta signo**ri**na]

À quelle heure la plupart des gens viennent-ils?
A che ora verrà la maggior parte della gente?
[a **ké o**ra vé**rra** la ma**djo**r **par**té **dè**lla **djènn**té]

À quelle heure a lieu le spectacle?
A che ora ci sarà lo spettacolo ou la rappresentazione?
[a **ké o**ra **tchi** sa**ra** lo s**pétta**kolo] [la rapprézénnta**tsio**né]

Bonsoir, je m'appelle…
Buonasera, mi chiamo...
[bouona**sé**ra mi **kia**mo]

Est-ce que cette musique te plaît?
Ti piace questa musica?
[ti **pia**tché **koue**sta **mou**zika]

Je suis hétérosexuel.
Sono eterosessuale.
[**so**no étérossé**ssoua**lé]

Je suis gay.
Sono gay ou omosessuale
[**so**no **gué**] [omosè**ssoua**lé]

Je suis lesbienne.
Sono lesbica
[**so**no **les**bika]

Je suis bisexuel (le).
Sono bisessuale.
[**so**no bissé**ssoua**lé]

Est-ce que c'est ton ami, là-bas?
È il tuo amico, quello là?
[**è** il **touo** a**mi**ko **kouè**llo **la**]

Lequel?
Quale?
[**koua**lé]

Celui avec les cheveux blonds? roux? bruns?
Quello coi capelli biondi? rossi? neri?
[**kouè**llo **koï** ca**pé**lli **bionn**di] [**ro**ssi] [**né**ri]

Est-ce que tu prends un verre?
Prendi un bicchiere?
[**prenn**di **oun** bi**cchié**ré]

Qu'est-ce que tu prends?
Cosa prendi ou Cosa bevi?
[**ko**za **prenn**di] [**ko**za **bé**vi]

De quel pays viens-tu?
Da quale paese vieni?
[**da koua**lé **paé**zé **vie**ni]

Es-tu ici en vacances ou pour le travail?
Sei qui per vacanze o per lavoro?
[**sè**i **koui pèr** va**kann**tsé o **pèr** la**vo**ro]

Que fais-tu dans la vie?
Cosa fai nella vita?
[**ko**za **fa**ï **ne**lla **vi**ta]

Habites-tu ici depuis longtemps?
Abiti qui da lungo tempo?
[**A**biti **koui** da **loun**go **temm**po]

Ta famille vit-elle également ici?
Anche la tua famiglia, abita qui?
[**ann**ké la **tou**a fa**mi**lyia **a**bita **koui**]

As-tu des frères et sœurs?
Hai fratelli e sorelle?
[**a**ï fra**tè**lli e so**rè**lle?]

Est-ce que tu viens danser?
Vuoi ballare?
[**vouo**i ba**lla**ré]

Nous cherchons un endroit tranquille pour bavarder.
Stiamo cercando un posto tranquillo per parlare.
[**stia**mo tcher**kann**do **oun pos**to trann**koui**llo **pér** par**la**ré]

Tu es bien mignon (ne).
Sei ben carino (carina).
[**sè**i **ben** ka**ri**no] [ka**ri**na]

Commodités

As-tu un ami (une amie)?
Hai un amico (un'amica)?
[**aï oun ami**ko (**oun ami**ka)]

Quel dommage!
Peccato!
[pé**kka**to]

As-tu des enfants?
Hai dei bambini?
[**aï déi** bamm**bi**ni]

Pouvons-nous nous revoir demain?
Ci possiamo rivedere domani?
[**tchi** po**ssia**mo rive**dé**ré do**ma**ni]

Quand pouvons-nous nous revoir?
Quando possiamo rivederci?
[**kouann**do po**ssia**mo rivé**dér**tchi]

J'aimerais t'inviter à dîner demain soir.
Mi piacerebbe, domani sera, invitarti a cena.
[**mi** piatché**ré**bbé do**ma**ni **sé**ra innvi**tar**ti a **tché**na]

Tu viens chez moi?
Vieni a casa mia?
[**vié**ni a **ka**za **mi**a]

Pouvons-nous aller chez toi?
Possiamo andare a casa tua?
[po**ssia**mo ann**da**ré a **ka**za **tou**a]

J'ai passé une excellente soirée avec toi.
Ho trascorso (ho passato) una bellissima serata con te.
[**o** tras**kor**so (**o** pa**ssa**to) **ou**na bél**li**ssima **sé**ra**ta **konn té**]

ACHATS – *COMPERE*

Français	Italien	Prononciation
Centre commercial	*Centro commerciale*	[**tchenn**tro commer**tcha**lé]
Marché	*Mercato*	[mèr**ka**to]
Boutique	*Bottega*	[bot**té**ga]
Magasin	*negozio*	[né**go**tsio]
Cadeau	*Regalo*	[ré**gal**o]
Carte postale	*Cartolina*	[karto**li**na]
Timbres	*Francobolli*	[frannko**bo**lli]
Vêtements	*Vestiti*	[ves**ti**ti]

À quelle heure ouvrent les boutiques?
A che ora aprono i negozi?
[**a ké o**ra **a**prono i né**go**tsi]

À quelle heure ferment les boutiques?
A che ora chiudono i negozi?
[a **ké o**ra **kiou**dono i né**go**tsi]

Est-ce que les boutiques sont ouvertes aujourd'hui?
Oggi, sono aperti i negozi?
[**o**dji **so**no a**pèr**ti i né**go**tsi]

À quelle heure fermez-vous?
A che ora chiuderà?
[**a ké o**ra kioude**rà**]

À quelle heure ouvrez-vous demain?
Domani, a che ora aprirà?
[do**ma**ni **a ké o**ra apri**ra**]

Avez-vous d'autres succursales?
Avete altre succursali?
[a**vé**té **al**tri soukkour**sa**li]

Quel est le prix?
Qual'è il prezzo?
[**koual è** il **prè**tso]

Combien cela coûte-t-il?
Quanto costa questo? ou *Qual'è il prezzo di questo?*
[**kouann**to **kos**ta **koue**sto] [**koual è** il **prè**tso di **koue**sto]

En avez-vous des moins chers?
Ne avete altri di meno cari?
[ne a**vé**té **al**tri di **mé**no **ka**ri]

Je cherche une boutique de…
Sto cercando una bottega di…
[**sto** tcher**kann**do **ou**na bot**té**ga di]

Où se trouve le supermarché le plus près d'ici?
Dove si trova il supermercato più vicino?
[**do**vé si **tro**va il souperer**ka**to **pioù** vit**chi**no]

Spécialités - *Specialità*

Agent de voyages   *Agente di viaggio*   [ad**genn**té di **via**ddjo]

Je voudrais modifier ma date de retour.
Desiderei cambiare il giorno (la data) del mio ritorno.
[dézidé**rè**i camm**bia**ré il **djor**no (la **da**ta) **del mi**o ri**tor**no]

Je voudrais acheter un billet pour…
Desiderei un biglietto per…
[dézidé**rè**i **oun** bil**yè**tto **pér**]

Aliments naturels	*Alimenti naturali*	[ali**menn**ti natou**ra**li]
Appareils électroniques	*Materiale elettronico*	[maté**ria**lé éle**ttro**niko]

Je voudrais une nouvelle pile pour…
Per favore, vorrei ou desiderei una batteria nuova per…
[**Pér** fa**vo**ré, vo**rrè**i] [dézidé**rè**i **ou**na bat**té**ria **nouo**va **pér**]

Artisanat	*Artigianato*	[artidja**na**to]
Boutique d'artisan	*Laboratorio artigianale*	[labora**to**rio artidja**na**lé]
Boucherie	*Macelleria*	[matchéllé**ri**a]
Buanderie	*Lavanderia*	[lavanndé**ri**a]
Chaussures	*Scarpe*	[**skar**pé]
Coiffeur	*Parrucchiere*	[parrou**kié**ré]
Disquaire	*Negoziante di dischi*	[négo**tsiann**té di **dis**ki]

Avez-vous un disque de…?
Avrebbe un disco di…?
[a**vré**bbé **oun dis**ko di]

Quel est le disque le plus récent de…?
Qual'è il più recente disco di…? (ou) *Qual'è il disco più recente di…?*
[**koual'è** il **piou** ré**tchenn**té **dis**ko di]   [**koual è** il **dis**ko **piou** ré**tchenn**té di]

Est-ce que je peux l'écouter?
Posso ascoltarlo, per piacere?
[**po**sso askol**tar**lo **pér** pia**tché**ré]

Pouvez-vous me dire qui chante?
Per favore, mi potrebbe dire chi canta?
[**pér** fa**vo**ré mi po**tré**bbé **di**ré **ki cann**ta]

Avez-vous un autre disque de…?
Avrebbe un altro disco di…?
[a**vré**bbé **oun al**tro **dis**ko di]

| Équipement photographique | *Materiale fotografico* | [maté**ria**lé foto**gra**fiko] |
| Équipement informatique | *Materiale informatico* | [maté**ria**lé innfor**ma**tiko] |

Faites-vous les réparations?
Fa le riparazioni?
[**fa** lé ripara**tsio**ni]

Comment/où puis-je me brancher sur l'internet?
Come (dove) mi posso collegare per l'internet?
[**ko**mé (**do**vé) mi **po**sso kollé**ga**ré **pér** l'**inn**ternet]

Équipement sportif	*Materiale sportivo*	[maté**ria**lé spor**ti**vo]
Jouets	*Giocattoli*	[djo**ka**ttoli]
Librairie	*Libreria*	[libré**ri**a]
Atlas routier	*Atlante stradale*	[at**lann**té stra**da**lé]
Beau livre	*Libro d'arte*	[**li**bro d'**ar**té]
Carte	*Carta (ou) Mappa*	[**kar**ta]/[**ma**ppa]
Carte plus précise	*Una mappa più precisa*	[**ou**na **ma**ppa **piou** pré**tchi**za]
Dictionnaire	*Dizionario* ou *Vocabolario*	[ditsio**na**rio] [vokabo**la**rio]
Guide	*Guida*	[**goui**da]
Journaux (quotidiens)	*Quotidiani*	[kouoti**dia**ni]
Littérature	*Letteratura*	[léttéra**tou**ra]
Livre(s)	*Libro/i*	[**li**bro/i]
Magazine(s)	*Rivista/te*	[ri**vis**ta/té]
Poésie	*Poesia*	[poé**zi**a]
Répertoire des rues	*Indice* ou *Repertorio stradale*	[**inn**ditché] [réper**to**rio stra**da**lé]

Avez-vous des livres en français?
Ha dei libri in francese?
[**a dè**i **li**bri **inn** frann**tché**zé]

Marché d'alimentation	*Mercato alimentare*	[mer**ka**to alimenn**ta**ré]
Marché d'artisanat	*Mercato dell'artigianato*	[mer**ka**to **dé**ll'artidja**na**to]
Marché public	*Mercato pubblico*	[mer**ka**to **pou**bbliko]
Nettoyeur à sec	*Lavanderia a secco*	[lavann**dé**ria à **sè**kko]

Pouvez-vous laver et repasser cette chemise pour demain?
Per piacere, potrebbe lavare e stirare questa camicia per domani?
[**pér** pia**tché**ré po**trè**bbé **la**varé e sti**ra**ré **koues**ta ka**mi**tcha **pér** do**ma**ni]

Oculiste   *Oculista*   [okou**lis**ta]

J'ai cassé mes lunettes.
Ho rotto i miei occhiali.
[**o ro**tto i **mi**èi o**kkia**li]

Je voudrais remplacer mes lunettes.
Vorrei cambiare i miei occhiali.
[vo**rrè**i kamm**bia**ré i **mi**èi o**kkia**li]

J'ai perdu mes lunettes.
Ho perso gli occhiali.
[**o per**so **lyi** o**kkia**li]

J'ai perdu mes lentilles cornéennes.
Ho perso le lenti a contatto.
[**o per**so **lé lenn**ti **à** konn**ta**tto]

Voici mon ordonnance.
Ecco la mia prescrizione.
[**èk**ko la **mi**a preskri**tsio**né]

Je dois passer un nouvel examen de la vue.
Devo fare un nuovo esame della vista.
[**dè**vo **fa**ré **oun nouo**vo éza**mé dè**lla **vi**sta]

| Pharmacie | *Farmacia* | [farma**tchi**a] |
| Poissonnerie | *Pescheria* | [peské**ri**a] |

Produits de beauté/parfumerie
Cosmetici/Profumeria
[kos**mé**titchi]/[profoumé**ri**a]

Quincaillerie
Nogozio di ferramenta ou *Chincaglieria*
[né**go**tsio di férra**ménn**ta] [kinnkalyié**ri**a]

| Supermarché | *Supermercato* | [soupèrmèr**ka**to] |

Pouvez-vous me faire un meilleur prix?
Mi potrebbe fare un prezzo migliore, per favore?
[mi po**tré**bbé **fa**ré **oun prè**tso mi**lyio**ré **pér** fa**vo**ré]

Est-ce que vous acceptez les cartes de crédit?
Accetta le carte di credito?
[att**chè**tta lé **kar**té di **kré**dito]

Commodités

d'enfants	*Vestiti per bambini*	[ves**ti**ti **pér** bamm**bi**ni]
de femme	*Vestiti per donne*	[ves**ti**ti **pér** do**nné**]
d'homme	*Vestiti per uomini*	[ves**ti**ti **pér** **ouo**mini]
Vêtements sport	*Vestiti per lo sport*	[ves**ti**ti **pér** lo **sport**]
Anorak	*Giacca a vento*	[**dja**kka a **venn**to]
Bottes	*Stivali*	[sti**va**li]
Caleçon boxeur	*Mutande*	[mou**tann**dé]
Casquette	*Berretto*	[bé**rré**tto]
Ceinture	*Cintura*	[tchinn**tou**ra]
Chapeau	*Cappello*	[ka**ppè**llo]
Chandail	*Maglione*	[ma**lyio**né]
Chaussettes	*Calze*	[**kal**tsé]
Chemise	*Camicia*	[ka**mi**tcha]
Complet	*Completo*	[komm**plè**to]
Coupe-vent	*Kappa-way*	[**ka**ppa **ouéi**]
Cravate	*Cravatta*	[kra**va**tta]
Culotte	*Mutande*	[mou**tann**dé]
Jean	*Jeans*	[**jins**]
Jupe	*Gonna*	[**go**nna]
Maillot de bain	*Costume da bagno*	[kos**tou**mé da **ba**gno]
Manteau	*Cappotto* ou *Mantello*	[ka**ppo**tto] [mann**tèl**lo]
Pantalon	*Calzoni*	[kal**tso**ni]
Peignoir	*Vestaglia da camera*	[ves**ta**lyia da **ka**méra]
Pull	*Maglia* ou *Pullover*	[**ma**lyia]/[poul**lo**vér]
Robe	*Vestito*	[ves**ti**to]
Short	*Calzoncini* ou *Shorts*	[kaltsonn**tchi**ni] [**shorts**]
Souliers	*Scarpe*	[**skar**pé]

Sous-vêtements	*Biancheria intima*	[biannkéria inntima]
Soutien-gorge	*Reggiseno* ou	[rèdjisèno]
	Reggipetto	[rèdjipètto]

Tailleur
Tailleur ou *Sottana e giacca*
[tayeur] [sottana é djakka]

T-shirt	*Tee-shirt* ou *Maglietta*	[ti cheurt] [malyiètta]
Veste	*Giacca* ou *giacchetta*	[djakka] [djakkétta]
Veston	*Giacca*	[djakka]

Est-ce que je peux l'essayer?
Lo posso provare, per favore?
[Lo posso provaré pér favoré]

Est-ce que je peux essayer une taille plus grande?
Posso provare una taglia più grande?
[posso provaré una taglia piou granndé]

Est-ce que je peux essayer une taille plus petite?
Posso provare una taglia più piccola?
[posso provaré ouna talyia piou pikkola]

Est-ce que vous faites les ourlets? la retouche?
Lo fate l'orlo? il ritocco?
[lo faté l'orlo] [il ritokko]

Est-ce qu'il faut payer pour la retouche?
Si deve pagare per il ritocco?
[si dévé pagaré pér il ritokko]

Commodités

Quand est-ce que ce sera prêt?
Quando sarà pronto?
[**kouann**do sa**ra pronn**to]

En avez-vous des plus…
Ne avete di più…
[**né** a**vè**té di **piou**]

…grands?	…*grandi?*	[**grann**di]
…petits?	…*piccoli?*	[**pi**kkoli]
…larges?	…*larghi?*	[**lar**ghi]
…légers?	…*leggeri?*	[lé**ddjè**ri]
…foncés?	…*scuri?*	[**skou**ri]
…clairs?	…*chiari?*	[**kia**ri]
…économiques?	…*economici?*	[éko**no**mitchi]
…amples?	…*larghi?*	[**lar**ghi]
…serrés?	…*stretti?*	[**strè**tti]
…simples?	…*semplici?*	[**semm**plitchi]
…souples?	…*morbidi?*	[**mor**bidi]

C'est fait de quel tissu?
Di quale materia è fatto? ou *Chè tessuto è?*
[di **koua**lé ma**tè**ria **è fa**tto] [**kè** té**ssou**to **è**]

Tissus – *Tessuti*

acrylique	*Acrilico*	[a**kri**liko]
coton	*Cotone*	[koto**né**]
laine	*Lana*	[**la**na]
lin	*Lino*	[**li**no]
polyester	*Poliestere*	[polié**st**éré]
rayonne	*Raion*	[**ra**ionn]
soie	*Seta*	[**sé**ta]

Est-ce que c'est 100% coton?
È tutto cotone?
[**è tou**tto ko**to**né]

Commodités

VIE PROFESSIONNELLE –
VITA PROFESSIONALE

Je vous présente…	*Le presento…*	[**lé** pré**zenn**to]
Enchanté.	*Piacere.*	[pia**tché**ré]

J'aimerais avoir un rendez-vous avec le directeur.
Per favore, vorrei un appuntamento col direttore.
[**pér** fa**vo**ré vo**rrè**i **oun** appounta**menn**to **kol** di**rétto**ré]

Puis-je avoir le nom du directeur?
Potrei avere il nome del direttore, per favore?
[po**trè**i a**vé**ré il **no**mé del di**rétto**re **pér** fa**vo**ré]

Puis-je avoir le nom de la personne responsable…?
Per piacere, potrei avere il nome della persona responsabile…?
[**Pér** pia**tché**ré po**trè**i a**vé**ré il **no**mé **dè**lla per**so**na respon**sa**bilé]

…du marketing	*…del marketing*	[**dèl mar**kéting]
…des importations	*…delle importazioni*	[**dè**llé immporta**tsio**ni]
…des exportations	*…delle esportazioni*	[**dè**lle èsporta**tsio**ni]
…des ventes	*…delle vendite*	[**dè**llé **venn**dité]
…des achats	*…degli acquisti*	[**dè**lyi a**koui**sti]
…du personnel	*…del personale*	[**dèl** pèrso**na**lé]
…de la comptabilité	*…della contabilità*	[**dè**lla konntabili**tà**]

C'est urgent.
È urgente.
[**è** our**djennt**é]

157

Je suis… de la société…
Sono... della società...
[**so**no… **dè**lla sotché**ta**]

Elle n'est pas ici en ce moment.
Non è qui, ora.
[**nonn è koui o**ra]

Elle est sortie.
È uscita ou è fuori.
[**è** ou**sci**ta] [**è fouo**ri]

Quand sera-t-elle de retour?
Quando sarà di ritorno?
[**kouann**do sa**rà** di ri**tor**no]

Pouvez-vous lui demander de me rappeler?
Le potrebbe domandare di chiamarmi, per piacere?
[lé po**tré**bbé domann**da**ré di kia**mar**mi **per** pia**tché**ré]

Je suis de passage à Venise pour trois jours.
Sono a Venezia per tre giorni soltanto.
[**so**no a vé**nè**tsia **per tré djor**ni sol**tann**to]

Je suis à l'hôtel… Vous pouvez me joindre au… chambre…
Rimango all'albergo ... Lei potrà raggiungermi al... camera...
[ri**mann**go all'al**ber**go… **Lè**i po**trà** ra**ddjounn**djérmi al… **ka**méra]

J'aimerais vous rencontrer brièvement pour vous présenter notre produit. (au pluriel à plusieurs personnes)
Vorrei incontrarvi un momento per presentarvi il nostro prodotto.
[vo**rrè**i innkonn**trar**vi **oun** mo**menn**to **pér** prézenn**tar**vi il **nos**tro pro**do**tto]

J'aimerais vous rencontrer brièvement pour discuter d'un projet.
(au singulier de politesse. On parle à une seule personne)
Vorrei incontrarla un momento per parlarle d'un progetto.
[vo**rrè**i innkonn**trar**la **oun** mo**menn**to **pér** par**lar**lé **d'oun**
pro**djè**tto]

Nous cherchons un distributeur pour…
Stiamo cercando un distributore per…
[**stia**mo tcher**kann**do **oun** distribou**to**ré **pér**]

Nous aimerions importer votre produit, le…
Ci piacerebbe importare il vostro prodotto…
[**tchi** piatché**ré**bbé immpor**ta**ré il **vos**tro pro**do**tto]

Les professions - *Le professioni*

Administrateur/ administratrice	*Amministratore/ amministratrice*	[amministra**to**ré] [amministra**tritt**ché]
Agent de voyages	*Agente di viaggio*	[a**djenn**té di **via**ddjio]
Agent de bord	*Assistente di volo*	[assiste**nn**té di **vo**lo]
Architecte	*Architetto*	[arki**tet**to]
Artiste	*Artista*	[ar**tis**ta]
Athlète	*Atleta*	[at**lè**ta]
Avocat(e)	*Avvocato*	[avvo**ka**to]
Biologiste	*Biologo/ga*	[bi**o**logo/ga]
Chômeur(se)	*Disoccupato/ta*	[dizokkou**pa**to/ta]
Coiffeur(se)	*Parrucchiere/ra*	[parou**kkie**ré/ra]
Coiffeur pour hommes	*Barbiere*	[bar**bie**ré]
Comptable	*Contabile*	[konn**ta**bilé]
Cuisinier(ère)	*Cuoco/ca*	[**kouo**ko/ka]
Dentiste	*Dentista*	[denn**tis**ta]
Designer	*Designer* ou *Stilista*	[di**zaï**neur] [sti**lis**ta]

Rapports humains

Diététicien(ne)	*Dietista*	[diétista]
Directeur(trice)	*Direttore/direttrice*	[direttoré/direttritché]
Écrivain	*Scrittore/scrittrice*	[scrittoré/scrittritché]
Éditeur/éditrice	*Editore/editrice*	[édittoré/éditritché]
Étudiant(e)	*Studente/studentessa*	[stoudennté/stoudenntessa]
Fonctionnaire	*Funzionario/a*	[founntsionario/a]
Graphiste	*Grafico* ou *Grafista*	[grafiko] [grafista]
Guide touristique	*Guida turistica* *	[gouida touristika]
Infirmier(ère)	*Infermiere/miera*	[innfermiére/miéra]
Informaticien(ne)	*Informatico/ca*	[innformatiko/ka]
Ingénieur(e)	*Ingegnere*	[inndjéniéré]
Journaliste	*Giornalista*	[djornalista]
Libraire	*Libraio/a*	[librayo/a]
Mécanicien(ne)	*Meccanico/ca*	[mékkaniko/ka]
Médecin	*Medico*	[médiko]
Militaire	*Militare*	[militaré]
Musicien(ne)	*Musicista*	[mouzitchista]
Ouvrier(ère)	*Operaio/raia*	[opérayo/raya]
Photographe	*Fotografo/fa*	[fotografo/fa]
Pilote	*Pilota*	[pilota]
Professeur(e)	*Professore/professoressa*	[professoré/professoressa]
Psychologue	*Psicologo/ga*	[psikologo/ga]
Secrétaire	*Segretario/a*	[ségrétario/a]
Serveur(euse)	*Cameriere/ra*	[kamériéré/ra]
Technicien(ne)	*Tecnico/ca*	[tekniko/ka]
Urbaniste	*Urbanista*	[ourbanista]
Vendeur(euse)	*Venditore/trice*	[venditoré/tritché

* Le mot «guide» (*guida*) est féminin en italien.

Rapports humains

160

Le domaine... - Il settore...

De l'édition   *Dell'edizione*   [dell édi**tsio**né]

De la construction
Della costruzione ou *Dell'edilizia*
[dèlla kostrou**tsio**né] [**dèll**'édi**li**tsia]

Du design   *Del design*   [del di**za**inn]

De la restauration
Della ristorazione ou *Settore alberghiero*
[**dè**lla ristora**tsio**né] [sé**tto**ré albér**guié**ro]

Du voyage	*Dei viaggi* ou *Turistico*	[**déi via**ddji] [tou**ris**tiko]
De la santé	*Della salute*	[**dè**lla sa**lout**é]
Du sport	*Dello sport*	[**dè**llo **sport**]
De l'éducation	*Dell'educazione*	[dell édouka**tsio**né]
Manufacturier	*Manifatturiero*	[Manifattou**riè**ro]
Public	*Pubblico*	[**pou**bbliko]

Des télécommunications
Delle telecomunicazioni
[**dè**llé télékomounika**tsio**ni]

De l'électricité	*Dell'elettricità*	[Dell éléttritchi**ta**]
Du spectacle	*Dello spettacolo*	[**dè**llo spe**tta**kolo]
Des médias	*Dei media*	[**dè**i **mè**dia]
De la musique	*Della musica*	[**dè**lla **mou**sika]

Rapports humains

Études – *Studi*

Administration	*Amministrazione*	[amministra**tsio**né]
Architecture	*Architettura*	[arkit**éttou**ra]
Art	*Arte*	[**ar**té]
Biologie	*Biologia*	[biolo**dji**a]
Comptabilité	*Contabilità*	[konntabili**ta**]
Diététique	*Dietetica*	[dié**tè**tica]
Droit	*Legge*	[**lé**djé]
Environnement	*Ambientalismo*	[ambienntа**lis**mo]
Géographie	*Geografia*	[djéogra**fi**a]
Graphisme	*Grafica*	[**gra**fika]
Histoire	*Storia*	[**sto**ria]
Informatique	*Informatica*	[innfor**ma**tika]
Ingénierie	*Ingegneria*	[inndjéni**éri**a]
Journalisme	*Giornalismo*	[djorna**lis**mo]
Langues	*Lingue*	[**linn**goué]
Littérature	*Letteratura*	[léttéra**tou**ra]
Médecine	*Medicina*	[médi**tchi**na]

Nursing ou études d'infirmier/d'infirmière
Studi per infermiere/infermiera
[**stou**di per innfer**mié**re/innfer**mié**ra]

Psychologie	*Psicologia*	[psikolo**dji**a]
Sciences politiques	*Scienze politiche*	[**chènn**tsé poli**ti**ké]
Tourisme	*Turismo*	[tou**ris**mo]

Es-tu étudiant?
Sei studente?
[**sè**i stou**denn**té]

162

Rapports humains

Qu'étudies-tu?
Che cosa studi?
[**ké ko**za **stou**di]

FAMILLE - *FAMIGLIA*

| Frère | *Fratello* | [fra**tè**llo] |
| Sœur | *Sorella* | [so**rè**lla] |

Mes frères et sœurs
I miei fratelli e le mie sorelle
[i **miè**i fra**tè**lli é lé **miè** so**rè**lle]

Mère	*Madre*	[**ma**dré]
Père	*Padre*	[**pa**dré]
Fils	*Figlio*	[**fi**lyio]
Fille	*Figlia*	[**fi**lyia]
Grand-mère	*Nonna*	[**no**nna]
Grand-père	*Nonno*	[**no**nno]
Neveu	*Il nipote*	[il ni**po**té]
Nièce	*La nipote*	[la ni**po**té]
Cousin	*Cugino*	[kou**dji**no]
Cousine	*Cugina*	[kou**dji**na]
Beau-frère	*Cognato*	[ko**gna**to]
Belle-sœur	*Cognata*	[ko**gna**ta]

Rapports humains

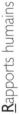

SENSATIONS ET ÉMOTIONS - *SENSAZIONI E EMOZIONI*

J'ai faim.	*Ho fame.*	[**ò fa**mé]
Nous avons faim.	*Abbiamo fame.*	[a**bbia**mo **fa**mé]
Il a faim.	*Ha fame, lui.*	[**a fa**mé **loui**]
Elle a faim.	*Ha fame, lei.*	[**a fa**mé **lei**]
J'ai soif.	*Ho sete.*	[**ò sé**té]
Je suis fatigué(e).	*Sono stanco/stanca.*	[**so**no **stann**ko] [**stann**ka]
J'ai froid.	*Ho freddo.*	[**ò fré**ddo]
J'ai chaud.	*Ho caldo.*	[**ò kal**do]
Je suis malade.	*Sono malato/malata.*	[**so**no ma**la**to/ma**la**ta]
Je suis content(e).	*Sono contento/ta.*	[**so**no konn**tènn**to/ta]
Je suis heureux/euse.	*Sono felice.*	[**so**no fé**li**tché]

Je suis satisfait(e).
Sono soddisfatto/ta ou *Sono contento/ta.*
[**so**no soddis**fa**tto/ta] [**so**no konn**tènn**to/ta]

| Je suis désolé(e). | *Mi dispiace.* | [mi dis**pia**tché] |
| Je suis déçu(e). | *Sono deluso/delusa.* | [**so**no dé**lou**zo] [dé**lou**za] |

| Je m'ennuie. | *Mi annoio.* | [mi a**nno**yo] |
| J'en ai assez! | *Basta!* | [**bas**ta] |

Je suis impatient(e) de…
Sono impaziente di…
[**so**no imma**tsiènn**té di]

Je m'impatiente.
M'impazientisco.
[m'immpatsiènn**tis**ko]

Je suis curieux/curieuse de…
Sono curioso/curiosa di…
[sono kou**rio**so/kou**rio**sa di]

Je suis égaré(e).
Mi sono perso/sa ou *Ho perso la strada.*
[**mi so**no **pèr**so/sa] [o **per**so la **stra**da]

Rapports humains

MOTS FRANÇAIS

Index

MOTS ITALIENS

Index

Index
184